Belle et Bête

DU MÊME AUTEUR

Le crime était presque sexuel, et autres essais de casuistique juridique, *Epel, 2002 ; Flammarion, 2003*

Qu'avez-vous fait de la libération sexuelle ?, *Flammarion, 2002 ; Points, 2007*

Penser les droits de la naissance, *Presses universitaires de France, 2002*

L'Empire du ventre, Pour une autre histoire de la maternité, *Fayard, 2004*

Antimanuel d'éducation sexuelle, *en collaboration avec Patrice Maniglier, Bréal, 2005*

Bêtes et victimes, et autres chroniques de *Libération, Stock, 2005*

Aimer tue, *Stock, 2005*

Une journée dans la vie de Lionel Jospin, *Fayard, 2006*

Par le trou de la serrure, Une histoire de la pudeur publique XIXe-XXIe siècle, *Fayard, 2008*

De la pornographie en Amérique, La liberté d'expression à l'âge de la démocratie délibérative, *Fayard, 2010*

Confessions d'une mangeuse de viande, *Fayard, 2011*

Une société de violeurs ?, *Fayard, 2012*

CONDAMNATION À LA DEMANDE DE DOMINIQUE STRAUSS-KAHN

Par ordonnance du 26 février 2013, le juge des référés du tribunal de grande instance de PARIS a ordonné l'insertion, dans chaque exemplaire de l'ouvrage de Marcela IACUB intitulé « Belle et Bête », du présent encart informant le lecteur de ce que le livre porte atteinte à la vie privée de Dominique STRAUSS-KAHN.

Marcela Iacub

Belle et Bête

Stock

Couverture Hubert Michel
Illustration de bande : © Image source/Getty Images

ISBN 978-2-234-07490-3

Un

Tu étais vieux, tu étais gros, tu étais petit et tu étais moche. Tu étais machiste, tu étais vulgaire, tu étais insensible et tu étais mesquin. Tu étais égoïste, tu étais brutal et tu n'avais aucune culture. Et j'ai été folle de toi. Non pas qu'il y ait un rapport de cause à effet entre tes défauts et les sentiments océaniques que j'ai éprouvés. C'est une curieuse coïncidence.

Même au temps où ma passion était si fastueuse que j'aurais échangé mon avenir contre une heure dans tes bras je n'ai jamais cessé de te voir tel que tu étais : un porc.

C'est ma compassion pour ces animaux si dénigrés qui a éveillé mon intérêt pour toi. Tu étais le grand persécuté, le bouc émissaire. Je me suis sentie obligée de prendre ta défense pour dire : « Les porcs ont le droit d'être des porcs. Une société qui met ces créatures en prison aux seuls motifs qu'ils ont des goûts propres à leur espèce n'est pas une société libre et juste. »

La protection des porcs est chez moi une sorte de vocation. C'est la raison pour laquelle je me suis d'abord battue pour la liberté sexuelle, et puis je suis devenue végétarienne. C'est en lisant des comptes rendus de la mise à mort des cochons dans les abattoirs que j'ai décidé de ne plus manger aucune viande. Mais parfois j'aurais pu te mettre au four, te griller et te manger en savourant tes morceaux les plus succulents. Tu te comportais comme un méchant porc. Tu n'étais plus la victime de la société mais mon agresseur, mon bourreau.

Je me disais : « À quoi bon continuer de le traîner de tribunal en tribunal, de viol en viol ? Il serait plus utile transformé en jambon. Il pourrait nourrir les contribuables au lieu de leur coûter tant d'argent. »

C'est parce que tu étais un porc que je suis tombée amoureuse de toi. Cela a été l'expérience la plus poétique, la plus dense, la plus cruelle, la plus belle, la plus puissante de ma vie. Le porc a un rapport au présent que les humains n'ont guère. Il ne cesse de se réjouir de la chance inouïe qu'il a d'être vivant, de manger, de courir, de salir, de blesser, de ressentir. Cela explique que le cochon souffre tant du sort qui lui est réservé dans les abattoirs. Mais pendant un temps, j'aurais aimé te saigner les pattes en l'air comme on fait avec tes congénères. J'aurais même fait l'apologie des coutumes carnivores et critiqué les musulmans et les juifs qui s'abstiennent de goûter au cochon.

Certes, tu n'étais pas un porc tout le temps. Tu étais aussi un homme. Il t'est même arrivé d'avoir des responsabilités nationales et internationales importantes. Et tu t'apprêtais à en avoir davantage. Tu avais une femme richissime et célèbre, plusieurs enfants, une vraie famille. Tu avais des fans, des amis politiques. Tu avais une vie qui n'avait rien à voir avec celle, terrible, fragile, dégoûtante et sublime des cochons. Et entre les deux vies il y avait un mur, un abîme.

Ta vie d'homme ne m'avait jamais intéressée. Quand je te voyais à la télévision je te trouvais antipathique et pédant, ce que tu es en vérité. Tu n'as suscité ma curiosité que quand la terre entière a compris que tu avais une vie secrète. Que, outre être un homme respectable et sans aucun intérêt, tu étais un vrai, un authentique cochon. J'avais trouvé émouvant que quelqu'un qui avait tant d'ambition, tant de choses à perdre, tant de désir de puissance se fasse rattraper par son autre vie.

Je me disais : « Il tient tant à respecter le cochon qu'il y a en lui qu'il est même prêt à sacrifier sa vie d'homme. Il est prêt à tout mettre en danger, à tout perdre, à être banni par ceux qui lui rendaient hommage. Et s'il avait eu vingt, trente, quarante ans on comprendrait mieux. Mais à son âge. À son âge les gens oublient leurs pulsions, les mettent un peu de côté, deviennent sages. »

La liste de tes maîtresses, de tes conquêtes d'un jour, de tes victimes, de tes putes successives et concomitantes dont la presse ne cessait de s'horrifier et de se régaler montrait un autre aspect émouvant de ta vie de cochon. Ces femmes étaient laides et vulgaires. Comme si en chercher des jolies était déjà une manière d'être plus homme que cochon. On sait que la plupart des humains n'aiment le sexe que dans certaines conditions. Qu'ils cherchent que l'objet de leurs désirs ait des beautés qui rachètent un acte qui peut être dégoûtant autrement. Il n'y a que les bêtes qui ne font pas attention à cet aspect des choses. Alors que toi tu me faisais penser aux chiens que j'ai eus et dont j'avais remarqué avec un certain étonnement qu'ils aimaient *toutes* les chiennes en chaleur sans distinction.

Voilà un authentique et merveilleux trait du cochon, une forme de générosité que tu peux montrer envers toute femme pour autant qu'elle ait les organes adéquats pour t'accueillir.

Je pensais, ébahie : « Plus elles sont moches et vulgaires, plus elles doivent lui plaire. » Certains prétendaient que tu n'avais pas le physique pour trouver mieux. Mais je ne me suis jamais ralliée à cette hypothèse mesquine. J'étais sûre que si l'on te faisait choisir entre Angelina Jolie et un laideron tu aurais choisi le laideron. Ton désir de laideur était pour moi un signe de ton appartenance à cette race férocement antiaristocratique, tragiquement démocratique des cochons.

Je ne pouvais cesser de trouver ton acharnement admirable, moi qui vivais comme une nonne recluse dans mon appartement à écrire jour et nuit, à sublimer mes pulsions. Certes, ma manière de voir n'était pas trop partagée. Les gens qui vivent et qui baisent sagement sont souvent agacés par ces excentricités, par ces monstruosités. Ceux qui s'abstiennent n'aiment pas que d'autres perdent leur contrôle. Il y va presque de l'idée qu'ils se font de l'humanité. De la différence abyssale qui sépare les hommes des cochons. Surtout s'il s'agit de quelqu'un appelé à remplir d'énormes responsabilités. On imagine qu'on va lui faire des chantages, qu'il ne pourra même pas se contrôler aux grands sommets mondiaux. Qu'il sautera sur les reines comme sur leurs servantes, qu'il n'hésitera pas à coincer dans un couloir les épouses des présidents, des ambassadeurs et de leurs chauffeurs. On imagine qu'il infestera les palais gouvernementaux de son foutre festif et inutile.

Voilà ta véritable faute, ton unique faute impardonnable. Tu as prétendu que tu étais prêt à donner ton sang pour la patrie quand en vérité tu te serais servi de cette patrie pour verser ton sperme inépuisable. Tu aurais transformé l'Élysée en une géante boîte échangiste, tu te serais servi de tes assistants, de tes larbins, de tes collaborateurs et de tes employés comme de rabatteurs, d'organisateurs de partouzes, d'experts dans l'art de satisfaire tes pulsions les plus obscures. Tu aurais avalé des milliers de créatures consentantes, tu les aurais savourées sur des plateaux d'argent. Des créatures qui t'auraient supplié d'être dévorées par toi. D'avoir le plaisir, le privilège, l'honneur d'être tes proies.

Pour cette faute tu seras toujours honni, maudit, méprisé, mis au ban par la douce France qui avait mis tant d'espérances en toi. Rien ne sera en mesure de te relever, aucun non-lieu, aucun accord. La politique te sera à jamais fermée. Tu ne pourras que t'enrichir en vendant des conseils miraculeux.

Je me disais : « Tout cela n'est pas rationnel, c'est symbolique. Si cet homme avait fait une partouze à l'Élysée avec des putes et des ministres, pourquoi aurait-il été plus condamnable que s'il y avait fait un bébé, donné une soirée mondaine, une fête de charité ? Il n'aurait causé aucun dommage concret et réel au pays. Qui plus est, cela aurait pris moins de temps aux domestiques de nettoyer après. » Mais tu aurais offensé la République. Tout comme tu as offensé tant de femmes. Tout comme tu m'as offensée.

Je n'avais pas pris ta défense dans le débat public sur ces questions-là mais sur les accusations de violences sexuelles. Ce n'est pas la même chose, un crime ou une offense. Pas du tout la même chose. C'est le propre du cochon que d'offenser. Mais les cochons ne commettent pas de crimes sexuels. Autrement, je ne t'aurais jamais rangé dans cette race des cochons. J'aurais cru que tu étais un violeur, un pervers, un humain véritable, et jamais je ne me serais battue pour toi.

Le cochon profite des occasions mais ne force pas. Il peut se montrer insistant mais il va de son intérêt de cochon de trouver son bonheur d'une manière pacifique, ou tout au moins de le croire. Le cochon est innocent de ce point de vue-là. Il croit, il doit même être sûr que son partenaire consent. Plus encore. Que son partenaire tire aussi un certain plaisir même si, à vrai dire, cela ne l'inquiète pas outre mesure. La priorité du cochon est de jouir lui-même, autrement il ne serait pas un cochon. De jouir sans trop tenir compte de la psychologie, de la sensibilité, des blessures qu'il peut produire du fait de ne penser qu'à son plaisir.

Ce qui s'est passé dans cette chambre devenue légendaire ne peut se comprendre si l'on ne se met pas dans la tête d'un cochon authentique et véritable. D'un cochon qui prend une femme de ménage pour Catherine Deneuve dans *Belle de Jour*. Seul un cochon peut trouver normal qu'une misérable immigrée africaine lui taille une pipe sans aucune contrepartie, juste pour lui faire plaisir, juste pour rendre un humble hommage à sa puissance. Et la pauvre est revenue dans la chambre pour voir si tu lui avais laissé un quelconque pourboire mais il n'y avait rien. Même pas un mot, même pas une fleur. La femme de chambre a été horriblement offensée mais elle n'a pas été violée.

Voilà comment j'avais vu les choses depuis mon appartement où j'écris et je lis nuit et jour. Dans ce lieu perché au 14e étage sans aucun vis-à-vis, je vois le ciel et les nuages mais pas le monde. Parfois je me dis que c'est seulement dans ces conditions que l'on peut le voir, ce pauvre monde. D'autres fois je crois, au contraire, que si haut perché on ne peut que le délirer et que, au fond, ce n'est pas grave. Que la notion de monde inclut aussi les délires sur le monde.

Deux

J'avais lu plein de choses sur toi. Cela n'avait rien à voir avec le livre que j'étais en train d'écrire. Mais comme je ne t'avais jamais rencontré, comme je n'avais pas prêté la moindre attention à toi au temps où tu étais un homme respectable, j'étais curieuse de connaître certaines choses sur ta vie, sur ton histoire, sur ton mariage. Non pas que cela aurait changé quoi que ce soit à ma manière de voir la question judiciaire. Ce n'était pas non plus pour le plaisir de ressentir la ferveur d'une autre vie que la mienne. Je voulais comprendre ce qui avait pu se passer dans ta tête pour que tu ne sois pas parvenu à maîtriser le cochon qu'il y avait en toi. Et comme je vis seule avec mes livres et ma chienne, je me suis mise à t'imaginer.

J'avais privilégié les hypothèses dans lesquelles ton inconscient non pas de porc mais d'homme pouvait servir comme explication de ta terrible chute. J'ai pensé à un moment que tu avais été une victime de ton épouse.

Voilà une femme qui voudrait présider un pays et qui se sert de son mari comme d'un instrument. J'avais trouvé cette tragédie tout à mon goût : une inversion des rôles entre les coupables et les victimes.

Toi, pauvre esclave des passions débordantes d'une ambitieuse. Toi, qui aurais voulu autre chose que d'occuper ces fonctions politiques pesantes. Toi, qui avais en tête des destins plus honorables que la politique. Toi, manipulé. C'est pourquoi tu as cherché à te venger de celle qui t'utilisait comme si tu étais son phallus pour assouvir ses ambitions personnelles. Ta vengeance a été terrible, impitoyable, planétaire, mais cela pouvait te permettre de redevenir un homme libre.

Loin d'avoir été la victime collatérale de tes pulsions de porc, ta femme aurait été, en vérité, leur cible principale. Et comme tu ne pouvais pas la quitter parce que tu étais sous son impitoyable emprise, tu te serais débrouillé pour que la planète entière se charge de vous séparer.

Ces hypothèses et plein d'autres, je les ai élaborées pendant les dernières semaines de la rédaction de mon livre. Je m'enferme, je m'isole et je perds le sens de la réalité. Ou plutôt je me mets à imaginer la réalité plus complexe qu'elle ne l'est en vérité. Mais aussi parce que toutes les femmes qui ont plus ou moins l'âge de ma mère, comme c'est le cas de ta femme, je les soupçonne du pire.

Ensuite, je t'ai rapproché de mon père et cela plusieurs mois durant après t'avoir rencontré. Comme mon père, un homme victime d'une sorcière qui a fini par le tuer. Comme mon père, un homme mort. Mais toi – et cela était le miracle –, tu bougeais encore. Tu me permettais de penser que les morts pouvaient revenir à la vie si l'on prenait la peine de leur rendre justice. Tu étais le spectre et moi Hamlct. Tu me demandais de te venger de ceux qui t'avaient assassiné.

À cette époque-là je ne te pensais plus comme cochon, j'avais presque oublié que tu en étais un. Je me disais que tu devais regretter tes saletés sublimes, que tu essayais de te rattraper, que tu devais prendre du bromure. Que la prison américaine, les révélations sur les partouzes glauques que tes esclaves avaient organisées pour toi, tous ces traumatismes t'avaient rendu aussi ascétique que moi. Et quand je te regardais sur les photos, si vieux, si gros, si abîmé, je me disais que c'était mieux ainsi car la seule idée d'imaginer un homme aussi dégoûtant dans une position sexuelle me choquait. Je t'imaginais plutôt t'occupant de tes petits-enfants ou discutant avec ta femme comme un vieux couple ou continuant à grossir dans des restaurants de luxe.

Ces pensées étaient mes fantaisies nocturnes, quand l'angoisse que je ressentais pendant la journée à cause du livre que j'écrivais ne me dévorait pas. Les articles que j'avais publiés pour prendre ta défense m'avaient valu toutes sortes d'invectives. Je savais que j'allais me faire lyncher une fois le livre publié. Je prenais le contre-pied des positions féministes qui avaient gagné l'opinion publique, le contre-pied des opinions dominantes. Je disais qu'on s'était servi de toi pour diaboliser le sexe, pour élargir la notion de viol, pour restreindre les droits de la défense. Je disais et je disais.

Je savais qu'on me prendrait comme une ennemie de la cause des femmes, comme une traîtresse à mon genre, comme une honteuse défenseure des violeurs. Qu'on dirait encore que j'étais une provocatrice, que je manquais de toute pudeur, que pour me faire remarquer j'étais prête à n'importe quelle contrevérité. Que j'étais un monstre de snobisme, de cynisme, que je me servais de mon intelligence et de mon savoir pour briser le consensus républicain, pour créer des inquiétudes, pour rassurer les puissants et les amis du passé. Que j'étais contre la justice et le progrès.

Mais je ne pouvais pas renoncer. J'étais convaincue que tu étais victime d'une injustice et je me sentais obligée d'intervenir dans le débat public en dépit du prix que j'allais avoir à payer. Voilà quelque chose que tu n'as pas compris et que tu ne comprendras jamais. Quelque chose que tu n'aurais pas fait si tu avais été à ma place.

Pendant la rédaction de mon livre je l'ai souvent pensé. Quelques années avant ta chute, au moment du Mondial de football de 2006, tu avais protesté contre les *Eros Centers* allemands : cette forme d'esclavage des femmes. Tu dois avoir fait cette déclaration juste après avoir enculé une pute qui n'aimait pas trop ça mais qui était payée pour par quelqu'un d'autre que toi. Et si j'aime follement les cochons rien ne me semble plus méprisable qu'un cochon hypocrite.

J'étais persuadée que si un autre politique français avait été arrêté à l'aéroport de New York à ta place, tu aurais crié avec la foule. Tu aurais déclaré à la télévision et à la radio que le type était un dégueulasse, un monstre, un malade, un ennemi de la cause des femmes. Tu étais si convenable, si comme il faut, si modéré, si respectable dans tes prises de position publiques.

Dans ces moments, j'en suis sûre, tu croyais que des cochons il n'y en avait que dans les prisons, dans les élevages et dans les abattoirs. Que c'était normal qu'on les enferme, qu'on les torture, qu'on les égorge. Que c'était normal et bienheureux qu'on en fasse des saucisses, des rillettes, des brochettes. J'étais sûre, convaincue, persuadée que tu étais complètement insensible à la cause animale. Et ce, non pas parce que les cochons sont supérieurs en intelligence et en sensibilité aux poulets, aux lapins, aux souris et même aux vaches. Tu croyais que tu étais le plus malin, le roi des cochons, au point que personne, mais vraiment personne, ne se rendrait compte que tu en étais un.

Alors que moi, mon sentiment de culpabilité me pousse à m'identifier avec les réprouvés, avec tous ceux à la figure de qui on crache. L'un de mes amis proches me l'avait dit un jour : « Tu es une sainte. » J'avais été très touchée parce qu'il avait compris que mes prises de position – que l'on prend souvent comme de la provocation – ne sont que des formes d'expression de cette étrange façon que j'ai de concevoir et de pratiquer ma sainteté. Il n'empêche que lui non plus n'a pas apprécié que je publie ce livre. Comme si même l'exercice de la sainteté avait des limites et que moi, ici, je les avais dépassées.

Je me suis fâchée avec certains de mes amis qui m'avaient vivement conseillé d'abandonner ce projet compte tenu des dangers que je courais. On me disait : « Tu ne sais rien sur l'affaire de Lille », qui venait d'exploser. « Tu ne sais pas s'il n'est pas un proxénète, tu ne sais pas ce qui peut encore apparaître. Tu ne sais rien. »

Ces amis, je les soupçonnais de t'en vouloir pour d'autres raisons que celles que la foule brandissait sur ses pancartes. Je pensais qu'ils étaient mus par une sorte de ressentiment. Le cochon est un être d'action et non pas un intellectuel. Et l'on ne peut pas imaginer ce que cela implique comme misère, comme pusillanimité, comme maladie que d'en être un.

L'intellectuel est un malade, un être méchant. S'il a un désir, il préfère le retarder pour être sûr qu'il ne ressentira plus rien lorsqu'il s'autorisera à l'assouvir. Si une chose lui fait **trop** plaisir, il essaiera de la noyer, de s'en débarrasser au plus vite. Parce qu'il aime se faire du mal. Parce qu'il aime détruire tout ce qui le sort de la nuit interminable dans laquelle il vit. Parce qu'il est presque mort. En plus, il se croit plus malin que les autres. Parce que souvent il l'est à force de ruminer, à force de retarder, à force de se mettre à côté de lui-même. C'est pourquoi il est si prudent. Comme il ne cesse de penser à chacune des conséquences de ses actes, il devient terriblement lâche. Trop lâche. Il a peur d'éternuer, il a peur de bouger et surtout de PENSER. Sa plus grande crainte est précisément de PENSER parce qu'il ignore où ses raisonnements peuvent le mener s'il leur laisse libre cours. Et il a toujours peur que les autres voient ce qu'il PENSE, comme si sa tête était transparente. Cette population malheureuse, ces amis qui me mettaient en garde contre la publication de mon livre, ces gens dont Paris est plein à craquer te méprisaient parce que le cochon y va, parce qu'il lui suffit d'avoir une quelconque envie pour accourir sans y penser vers le plaisir. Certains d'entre eux diraient : vers le Mal.

À cause de toutes ces mises en garde, les jours qui ont précédé et suivi la sortie de mon livre ont été très difficiles. Comme si Dieu cherchait à mettre à l'épreuve la sainte que je suis en me disant : « Toi qui te vantes de ton courage, toi qui n'as pas peur qu'on t'insulte, qu'on te crache à la figure, il faudra que tu assumes. »

Je croyais que du seul fait de le publier j'aurais le monde entier contre moi, tout comme toi. J'étais persuadée que rien n'agaçait plus la foule qui passe ses nerfs contre des innocents qu'on lui dise la vérité. Qu'on lui dise ce qu'elle était en train de faire. Comme si j'avais cherché d'une manière purement imaginaire à partager les coups que tu recevais, à distraire la foule qui s'attroupait sous ton balcon pour qu'elle lance aussi quelques pierres dans ma direction. Il y aurait moins de pierres pour toi.

J'ai commencé à utiliser cette tactique pendant mon enfance. Il me fallait toujours agacer les agresseurs de ceux que je considérais comme des victimes sans défense pour qu'ils se défoulent sur moi. C'est ma grand-mère qui m'avait appris ça. C'est de cette façon ridicule qu'elle concevait la morale. Parce qu'en faisant ainsi il n'y a pas un seul individu agressé mais plusieurs. Jamais elle ne m'a expliqué que l'important c'est d'arrêter les coups que l'on porte sur un innocent, et non pas de multiplier et les coups et les innocents.

Or, à force de me faire insulter partout, à force de craindre les nouvelles violences qui s'annonçaient chaque jour, j'ai commencé à t'en vouloir comme il m'arrive toujours dans ces circonstances. C'était à cause de toi qui n'étais qu'un immonde cochon que je souffrais, un type qui n'avait pas le moindre intérêt.

J'étais si inquiète quand j'ai fait le service de presse que j'ai même oublié de t'envoyer le livre. Je me disais : « Ce type dégoûtant ne mérite même pas que je lui envoie quoi que ce soit. Il est un paria qu'il faut fuir comme la peste. Je ne veux même pas qu'il ait mon livre chez lui et moins encore ma dédicace. » Et puis j'ai fini par te l'envoyer. Mais surtout je voulais de toutes mes forces que ce livre n'existe plus.

Un de ces soirs de terreur j'ai pris un vin chaud à une terrasse chauffée de Montparnasse avec un ami qui cherchait à me calmer. Mais j'étais si inconsolable qu'il m'a dit de faire comme ce personnage de conte pour enfants qui, pour se sortir de l'eau, tire sur ses propres cheveux. Il m'a laissée dans la rue seule et désespérée. Je lui en ai horriblement voulu. Mais en rentrant chez moi j'ai fait ce qu'il m'a suggéré et cela a marché.

Une semaine après la publication la peur que j'avais s'est muée en fierté. J'étais contente de mon courage. J'ai commencé d'une manière très immodeste à me considérer comme Voltaire et cela m'est resté. Je ne cessais de me donner ce nom quand je pensais au rôle que je jouais dans cette société, un peu pour rire et un peu pour de vrai. J'étais là pour dire la vérité, la vérité que personne ne voulait entendre. J'étais un kamikaze de la vérité.

Aujourd'hui je n'aurais pas une opinion aussi positive à propos du rôle que j'ai joué dans cette affaire ni de celui que je joue dans la société, d'ailleurs. En vérité, je ne courais aucun risque véritable. À part quelques insultes isolées, le livre est passé sous silence. Il n'a pas changé l'image que se font de moi les médias ou le public restreint qui me lit. Et hormis quelques exaltées, ces gens m'aiment bien. En outre, et ceci est le plus embêtant, la foule avait raison de t'en vouloir même si elle s'y est mal prise et qu'elle n'a pas su bien formuler ses griefs et ses accusations contre toi. Et moi, au lieu de l'aider à voir ce qu'elle ne pouvait pas voir, à exprimer ce qu'elle n'arrivait pas exprimer, je lui ai dit qu'elle avait tort. Je me suis même moquée d'elle. Je crois que mon amour des cochons m'a aveuglée. Et à mes yeux, c'était si flatteur de jouer au Christ, de me prendre pour Voltaire.

Trois

Ta femme m'a écrit la première. Elle me remerciait de mon livre et du fait que j'avais été l'une des seules qui n'avait pas crié avec les chiens (ou avec les chiennes, plutôt, m'avait-elle précisé) pour te condamner. Puis elle me proposait de collaborer gratuitement à son journal. Que les riches nous demandent de travailler pour eux sans être payé me semble immoral. « J'ai déjà une chronique à *Libération* », lui ai-je répondu, et j'ai ajouté que je suis par principe contre le travail gratuit. Autrement, j'ai fait preuve de la plus grande gentillesse. J'ai écrit : « Vous êtes une femme si courageuse. »

Le mail que j'ai reçu de toi quelques jours plus tard était autre chose. C'était un beau texte, tout à la fois simple, précis et puissant comme tu sais faire. Tu as un véritable talent d'écriture qui ne correspond pas avec le reste de ta personne. Comme si ce n'était pas toi qui composais tes propres phrases.

Il m'a fallu du temps pour comprendre cet étrange dédoublement qui faisait de toi tout à la fois un beauf et un grand poète, une brute et un artiste des plus raffinés. Que ce n'était pas l'homme qui composait tes phrases mais le porc. De comprendre que tu n'es pas un porc quelconque mais le roi des porcs. Ta grandeur, ta seule véritable grandeur est là, dans la manière sublime que tu as, quand le désir s'empare de toi, de cracher dans des phrases la beauté, la densité, la puissance de ta condition.

Cette lettre tu me l'avais écrite, m'avais-tu avoué plus tard, après avoir regardé mes photos sur Internet. Je sais que cela hélas n'est pas un compliment sur mon charme physique. Presque le contraire. Je suis sûre maintenant que tu n'as même pas lu mon livre. Tu l'as juste feuilleté après avoir vu mes photos. L'un de tes larbins a dû te dire plus ou moins sur quoi il portait. Je peux imaginer qu'au moment où tu m'as écrit cette belle lettre dans laquelle tu prenais la posture du capitaine Dreyfus s'adressant à Zola, tu étais pris par un désir insensé de moi. Mais moi qui aurais dû m'en douter, j'ai été très touchée et je l'ai lue à des amis qui l'ont trouvée belle eux aussi.

Je t'ai répondu par un mail qui regorgeait d'émotions retenues. Voici que mon héros injustement persécuté par les juges, par les féministes, par l'opinion publique se manifestait à moi en me remerciant de ce que j'avais fait pour lui. Puis j'ai hésité, j'ai réfléchi, j'ai encore hésité et réfléchi jusqu'à me décider à t'écrire un second mail pour te proposer de nous rencontrer : « J'ai fait tant d'hypothèses psychologiques sur vous que j'aimerais vous voir pour en parler de vive voix. »

Je n'avais pas fait cette proposition pour avoir une aventure avec toi. Je voulais sincèrement te rencontrer, j'étais très curieuse de voir comment tu étais. Par ailleurs, il me paraissait invraisemblable que, en dépit de ta réputation et du fait que je devais être la seule femme qui avait pris ta défense d'une manière publique et argumentée, tu oses avoir la moindre intention sexuelle à mon égard. Mais en étais-je si sûre ?

Pourtant j'aurais pu deviner que, si cela avait été ainsi, jamais tu n'aurais accepté de me rencontrer. Si tu avais pensé que cette folle radicale et extrémiste voulait juste te voir et parler avec toi après avoir passé tant de temps à réfléchir à ton histoire, tu aurais dit que tu étais trop pris ou que tu me rappellerais dès que tu aurais un instant. Et même si à l'époque tu ne faisais pas grand-chose à part attendre tes convocations judiciaires, tu n'aurais jamais perdu ton temps avec moi. Tu aurais dit, tout comme ta femme, que des alliées comme moi il vaut mieux s'en passer. Que tu aurais préféré m'avoir comme ennemie que comme amie politique. Que c'était presque un déshonneur supplémentaire que quelqu'un comme moi prenne ton parti.

Maintenant je suis sûre que j'avais compris immédiatement tes intentions, et je n'ai pris aucune précaution pour m'en prémunir. Aucune. Comme si je cherchais à ce que tu laisses sortir le cochon qui était en toi parce que je savais, j'étais persuadée que c'était le meilleur que tu avais à partager avec les autres. Que c'était pour moi une occasion formidable de rencontrer enfin une créature de ton espèce. Des cochons, outre ceux que l'on extermine dans les abattoirs, il y en a très peu dans les sociétés. Pour la plupart on se débrouille depuis la nuit des temps pour les enfermer. Et toi, tu étais pour l'instant en liberté.

Tu m'as donné rendez-vous au Dali le 30 janvier à 13 heures. Quand je suis arrivée tu étais déjà là. À peine me suis-je assise que j'ai remarqué ton extrême nervosité, la tension de ton désir. Tu étais comme un crocodile qui s'apprête à déguster sa proie. Tu as voulu me raconter la scène du Sofitel mais cela m'a embarrassée. Je t'ai dit : « Je n'ai jamais pensé que vous étiez coupable », et tu étais content. Mais quand j'ai voulu parler du retentissement de ton affaire dans la société française, tu n'as pas eu du tout l'air intéressé.

Tu m'as demandé de te parler de moi. Je t'ai avoué que je vivais recluse, que j'écrivais, que depuis ton affaire je me prenais pour Voltaire. Que pour moi la vie était un processus constant de transformation de mon temps en écriture. Et soudain tu m'as dit : « J'aimerais vous lécher les paupières, vous enlever votre mascara et l'avaler d'un coup. »

Cela m'a fait frémir. Personne n'avait osé me parler si directement et si rapidement de son désir pour moi. Et personne ne m'avait proposé de faire quelque chose d'aussi sensuel de toute ma vie.

« Où on va ? – Pas chez moi. Dans une chambre d'hôtel. – Non, parce que je suis surveillé. Pas de cartes de crédit. Sauf si c'est vous qui payez avec la vôtre, et je vous rembourse après. » J'étais outrée. Non seulement j'allais t'offrir mes yeux, mes cils, mon mascara, mais en plus il fallait que ce soit moi qui paie. Je me disais que tu n'allais jamais me rembourser. Je me suis levée et je t'ai dit : « Vous avez mon numéro. On fixera rendez-vous pour un autre jour. »

J'avais tellement bu que je ne pouvais pas même imaginer de descendre l'escalier du métro.

31

J'ai pris un taxi et je suis arrivée chez moi à 15 h 45. Vers 16 h 10 tu as sonné à la porte alors que je ne t'avais pas donné mon adresse. Tu as toujours refusé de m'expliquer comment tu l'as eue.

À peine ai-je ouvert la porte que tu t'es jeté sur moi sans dire un mot. Tu m'as traînée jusqu'au lit et une fois couchée tu m'as pris la tête, tu as sorti ta langue dont la longueur m'a effarée et tu t'es mis à me lécher les paupières. Tu ne t'arrêtais pas, tu m'enlevais le mascara, le fard à paupières, le khôl, et tu l'avalais. Tu étais dans une étrange extase, ta tension montait tandis que mes yeux étaient presque entièrement démaquillés.

Lorsqu'il n'est rien resté du tout, lorsque par ce curieux procédé tu m'eus complètement nettoyé les yeux, tu as regardé ton œuvre et tu as été pris d'une sorte de convulsion, tu es tombé épuisé sur le lit et tu m'as dit que personne ne t'avait fait jouir de cette manière. Tu avais la bouche noire et tu continuais à te lécher les lèvres pour déguster les derniers délices. Tu as allumé une cigarette que je t'ai donnée et tu m'as demandé quelle marque de mascara j'utilisais. « Sisley. – C'est excellent. Tu es merveilleuse, tu sais ? » Et pendant que tu te relevais, que tu regardais ta montre, tu as dit : « On se voit vite j'espère. Peut-être dimanche à mon retour du Maroc. »

Dès que tu es sorti de chez moi tu m'as envoyé un texto pour me dire : « J'ai adoré. » Et je t'ai répondu immédiatement : « Moi encore plus. » Juste pour garder le contact. Ou je ne sais pas pourquoi. J'étais dégoûtée par cette rencontre. Je m'en suis voulu de t'avoir proposé de faire ta connaissance.

Le lendemain tu m'as écrit un autre texto pour me dire : « Tu me manques déjà », et moi, toujours dégoûtée par toi, j'ai répondu : « C'est gentil de me dire ça. » Tu dois avoir été un peu déçu mais je ne pouvais pas exprimer plus. Je ne pouvais pas parce que j'étais horrifiée.

Deux jours plus tard, pendant que je faisais une conférence sur le végétarisme au musée de la Chasse et de la Nature, sur mon amour inconditionnel des cochons, sur le caractère intolérable, vraiment intolérable, de la mise à mort des animaux pour les manger, je reçois un texto de toi. « Que fais-tu ? »

Je ne pouvais pas répondre. Je ne pouvais pas me permettre de te voir encore. C'était une honte. C'était une transgression terrible. Une fois c'était suffisant. Si j'avais accepté c'était seulement pour savoir ce qu'était un cochon en action, le roi des cochons. Mais je ne pouvais pas envisager une deuxième rencontre. Ce n'était pas possible. Tu me déplaisais. Je te trouvais répugnant. En plus, c'était dangereux pour moi, pour ma réputation, pour ma santé mentale. Puis, je ne sais pas pourquoi, je t'ai répondu. « Je sors d'une conférence. » Je n'aurais pas dû. Tu m'as écrit : « J'ai envie de toi. »

Jamais une phrase ne m'a paru plus déplacée. J'avais honte que le mot « toi » parle de moi. J'avais honte que tu penses que je puisse encore me prêter à des actes inconcevables avec un cochon comme toi.

Mais quelques heures plus tard je t'ai répondu : « Je serais ravie de te voir. » Et tu m'as demandé : « Juste de me voir ? » Et là, je n'ai rien dit. C'était encore dégoûtant.

Pourtant, quelques minutes après j'ai répondu : « J'ai envie que tu me fasses plein de choses. » Et tu m'as dit : « Par exemple ? – Que tu abuses de moi, t'ai-je dit, que tu me souilles » (au lieu de me nettoyer, avais-je pensé, mais je ne l'ai pas écrit de peur que tu ne le prennes mal).

Je t'ai dit ça juste pour te faire plaisir en imaginant qu'abuser et souiller des femmes était ton sport favori et que la scène de l'autre jour était juste un écart, qu'on avait trop bu, que tu étais trop ému.

Je n'avais nullement envie de toi. Je me disais que c'était de ma part une espèce de gentillesse que je devais à l'homme que j'avais défendu, voulu protéger. Et si je me livrais encore à quelque chose d'autre avec toi, c'était juste pour te montrer que tu étais un homme qu'une femme comme moi pouvait accepter. Je ne voulais pas t'offenser. Mais que ce serait la dernière fois. Que peut-être j'annulerais avant en prétextant quelque chose, comme je le fais quand un homme ne me plaît pas.

On a fixé rendez-vous chez moi pour le dimanche suivant à 16 heures. Vers 11 heures tu m'as écrit un texto : « Toi qui aimes écrire, dis-moi ce que tu voudrais que je te fasse tout à l'heure. » Et cette question a produit chez moi un effet inattendu. Soudain, au lieu de craindre cette rencontre, au lieu d'être méfiante, je me suis dit : « Te voir et mourir. » Que j'étais prête à mourir pour te voir. À mourir juste après t'avoir vu. Que tu avais rendu la vie si intense, si insensée avec ces quelques mots que je préférais mourir le jour où je ne t'aurais plus. À cet instant même j'avais décidé d'écrire un plaidoyer pour le cochon. Pour le cochon qu'il y a en toi. Que j'allais t'aimer pour écrire sur toi. Que j'allais écrire sur toi parce que je t'aurais aimé.

Je savais que j'avais tort de tomber amoureuse de toi. Je l'ai su dès ce premier jour. Et tous les malheurs que j'allais endurer je les avais pressentis. On ne peut pas aimer impunément un cochon. Surtout quand il s'agit du roi des cochons. C'est complètement différent de les défendre, de demander qu'ils puissent avoir une place sous le soleil, que de se concentrer sur l'un d'entre eux et de l'aimer. D'espérer quelque chose de lui, d'en rêver.

Mais toi, toi aussi tu as eu tort et cela je le savais aussi. Non pas pour les mêmes raisons, certes. Tu me croyais sûre parce que j'avais écrit un livre pour défendre les droits élémentaires des cochons de vivre et de jouir parmi nous. Que de ce fait même je ne pouvais pas être un piège. Que non seulement ta liberté mais ton mariage même dépendaient de cette assurance. Ce mariage doré qui était la seule chose qui te restait après l'hécatombe.

Ces calculs que tu as faits je les avais devinés. Or, loin d'en être offusquée, je me disais : « Quelle chance j'ai. » Pendant un temps, pendant le temps que dureraient tes difficultés, j'aurais le presque monopole du cochon. Le presque. Parce que tu ne pourrais t'empêcher de prendre des risques. Parce que le cochon est téméraire. Parce que le cochon ne peut pas se contrôler.

Tu ignorais que la femme la plus dangereuse que tu aurais pu fréquenter, c'était moi. Ta malice de cochon qui est par définition à court terme – parce que vous n'êtes que des créatures du présent et c'est celle-ci votre grandeur au regard des humains qui ne songent qu'à l'avenir, qui ne sont jamais là où ils sont – ne t'a pas permis de le comprendre. Non pas parce que tu serais tombé amoureux de moi. J'étais parfaitement persuadée que cette idée-là n'était pas envisageable, qu'elle était étrangère au cœur et à l'esprit d'un cochon. Si j'étais si périlleuse pour toi, c'était à cause de ma passion minutieuse et sans limites pour les créatures de ton espèce.

Et pourtant je ne t'avais rien caché. Je t'avais mis en garde très tôt : j'écrirais sur ta grandeur de cochon. Je montrerais au monde que ce que l'on critique, que ce que l'on méprise, que ce que l'on veut faire disparaître chez toi et du monde en général, c'est ce que tu as de mieux. Je t'avais dit qu'il fallait que quelqu'un laisse une trace écrite, objective, palpable de ces beautés que la foule avait transformées en infamie.

Si ce que j'ai dit a plu au cochon, parce que tu imaginais que j'allais faire ainsi la promotion de tes vertus, que plein de femmes voudraient par la suite profiter des mêmes choses dont j'avais profité, l'homme que tu étais ne le voulait guère. Pour toi c'était inimaginable que quelqu'un, quel qu'il soit, cherche à faire un éloge public de cette bête. Tu craignais que cela fasse prendre des ailes au cochon. Que par la suite il cherche à empiéter sur l'homme et que tu ne puisses plus le contrôler. Tu pensais que cela lui monterait à la tête et que c'est lui qui voudrait aller faire des conférences, se faire payer des millions pour un conseil, chercher à résoudre la crise économique

mondiale par ses méthodes à lui. Tu avais tellement peur d'un tel scénario.

En sa qualité de roi des cochons, pensais-
tu désespéré, il pourrait abriter la prétention
d'évangéliser les hommes en leur montrant
à quel point il est facile d'abaisser les cieux
jusqu'à la terre au lieu de chercher à atteindre les
cieux depuis la terre. Que malin comme il est,
le cochon chercherait à leur montrer que c'est
simple de produire des paradis sans Dieu, sans
mérites ni monnaies. Des paradis dans lesquels
chacun pourrait y avoir son compte, dans lesquels personne ne serait exclu de la fête. Parce
qu'aux yeux du cochon tout être humain avait
quelque chose à donner pour prétendre à recevoir. Que si ce n'étaient pas ses organes, ses
orifices, ses appendices, sa peau, il pouvait y
apporter son regard, ses fantasmes, ses rêves.

Cette invitation de tous : des hommes et des
femmes, des vieux et des jeunes, des riches et
des pauvres, des moches et des beaux, des sots
et des intelligents, des vulgaires et des raffinés,
est le cœur de l'utopie de la partouze absolue à
laquelle le cochon avait toujours rêvé. Une utopie généreuse dans laquelle tout un chacun est
un élément potentiel du plaisir des autres ne peut
que faire naître une société des plus fraternelles.
Si toi tu étais sociolibéral, ou plus libéral que
social comme le disaient tes ennemis politiques,

le cochon était communiste, le cochon était révolutionnaire, le cochon croyait que le bonheur ne pouvait pas être l'apanage de quelques-uns ou se remettre à plus tard. À ses yeux, le bonheur était le royaume de tous et son heure était le Présent.

Dans ces temps tu étais si méprisé, si dénigré que j'ai pensé que je réussirais à te convaincre. Je me disais que puisque tu avais foutu ta vie en l'air tu pourrais donner au cochon une chance pour qu'il essaie de conduire ta vie à sa manière à lui. Que tu finirais par être fier que je fasse l'éloge public du cochon.

Comme il m'arrive souvent, j'avais tort. Et toi tu as eu tort aussi. Il ne fallait pas me faire confiance. Il ne fallait pas penser que j'allais t'obéir. Mais le cochon ne pense jamais aux conséquences de ses actes. C'est pourquoi il est un cochon.

Quatre

Tu es arrivé à 16 heures pile ce premier dimanche de février. Tu es rentré, tu n'as rien dit et tu as placé ma tête sur l'accoudoir du fauteuil de sorte que mon oreille droite soit entièrement découverte. Tu t'es mis à genoux et tu y as versé une huile qui sentait l'amande. Tu m'as aspergé d'abord l'extérieur de l'oreille et puis tu as versé le reste du liquide à l'intérieur. Tu m'as dit : « Maintenant tu fermes les yeux et tu respires profondément, comme si tu dormais. »

Tu as d'abord léché ce qu'il y avait sur la surface externe. Tu disais : « Quel plaisir, quel bonheur. Le liquide ne fait qu'intensifier le goût de ta peau. C'est comme si je te mangeais l'oreille mais en mieux. C'est comme si l'on mettait des lunettes aux papilles gustatives pour voir de près. »

Puis, tu as mis ta langue à l'intérieur et tu as commencé à avancer. J'ignorais que l'on pouvait aller si loin à l'intérieur d'une oreille, je ne savais pas que les oreilles n'avaient pas de fond, que l'on pouvait toujours continuer. Puis tu as enlevé ta langue et tu as mis ton énorme doigt dans le trou de mon oreille, tu l'as enfoncé de plus en plus loin. Je sentais que tu avais touché mon cerveau, que tu avais atteint ma mémoire et tu m'as dit : « Les voici, voici tes souvenirs, les souvenirs de tes plaisirs. Je les sors, je les vois, je les dévore, je les incorpore, je les sens en moi. Je déguste le plus beau de ta vie. Quelle vie ! Quelles extases ! Quelle chance que le temps pendant lequel on a joui ne soit pas irrévocable, que tout soit conservé quelque part, que tout puisse revenir, que tout puisse être dévoré à nouveau ! Et toi tu les sens aussi ? Tu les sens comme je le sens ? » J'ai dit « oui » et tu t'es mis à trembler, puis tu es entré dans une extase et tu es tombé par terre.

Tu t'es relevé, et avant de remettre à nouveau ta langue dans le trou de mon oreille, tu m'as dit : « Maintenant tu vas me raconter ce que je suis en train de te faire. Tu ne vas épargner aucun détail. Tu vas multiplier cette scène en me la racontant. Autrement on la gaspille. Autrement on ne l'apprécie pas à sa juste mesure. Autrement on oublie son caractère extraordinaire. »

Et je t'ai dit : « Tu enfonces ta langue dans mon oreille, tu me lèches la mémoire, tu dévores tous mes souvenirs. » Et là tu as tremblé si fort, tu as crié ton plaisir avec un tel désespoir avant de tomber par terre que j'ai cru que tu étais mort. Mais tu t'es relevé, tu as regardé ta montre et as dit : « Tu me tues. » Comme si j'y étais pour quelque chose.

J'ai compris ce jour-là que nos rapports érotiques ne seraient que des bizarreries, des actes inattendus. Qu'entre nous il n'y aurait aucune génitalité, aucun orgasme. Que nous n'aurions jamais de rapports sexuels à proprement parler. Que nous ne jouirions que de nos écarts aux normes. Que de nos écarts.

Tu m'as dit : « Je te veux, je te veux pour longtemps, je te veux pour toujours. » Tu avais compris qu'entre nous il y avait une espèce de fatalité, une nécessité, une singularité. Tu savais qu'après tant d'années de recherches effrénées tu avais enfin trouvé celle qui allait te permettre d'accomplir tes fantasmes les plus obscurs. Et tu avais deviné, bien avant que je ne le découvre moi-même, que ma passion politique pour les cochons était l'habit socialement acceptable que j'avais donné à mes pulsions.

Je ne cessais de penser que c'était une merveilleuse coïncidence de t'avoir rencontré. Tu me disais que c'était plus qu'une coïncidence, que c'était un miracle. Ce qui t'était arrivé à New York n'avait eu d'autre but que de me rencontrer. C'est pourquoi sans trop y penser tu avais accepté que la femme de ménage te taille une pipe. Qu'il aurait fallu qu'on se retrouve bien avant, non pas dans cette période difficile. Qu'il aurait fallu que tu sois là avec moi dès mon adolescence pour me conduire vers mon désir.

Ce que je préférais c'étaient tes récitations. Quand tu venais et que tu ne me touchais pas un cheveu et que tu parlais en me regardant droit dans les yeux. Je te disais : « Écrire c'est pour moi la manière que j'ai trouvé d'exister, de me dépasser, de ne pas devenir folle, de ne pas mourir. Et toi, c'est dans le désir. Ta soif d'infini s'exprime ainsi. Être cochon ou écrivain est un choix qui est lié précisément à ce dilemme-là. Tu es un artiste, tu es un génie du désir. Du mien en tout cas. » Je ne cessais de te le dire. Toi tu étais flatté par mes commentaires mais tu t'en foutais aussi, ce qui est normal chez les cochons. Vous cherchez plus à faire qu'à recevoir des compliments pour ce que vous faites. Les compliments sont de la nourriture pour les humains, pour les sots.

Un jour tu es venu pour me dire : « Tu es une truie, une énorme et grosse truie qui se promène dans un champ. Tu es une truie maligne. Tu es une truie allumeuse. Tu es une truie qui a des yeux merveilleux, des cils merveilleux, des dents affûtées. Tu es une truie qui se croit tout permis. Tu es une sale truie. Et voici que soudain du fond du champ apparaissent des cochons qu'elle n'avait pas vus. Des cochons vieux, des jeunes, des handicapés, des cochons chinois, des malades, des cochons adolescents. Des cochons moches, des cochons sales, des cochons morts de faim. Mais aussi des bien nourris, mais aussi des cochons noirs, verts, jaunes. Des cochons gros comme des lions, petits comme des souris. Des cochons comateux, des cochons rêveurs, des cochons homosexuels, bisexuels. Des cochons qui aiment les chiens. Des cochons de droite et de gauche, des cochons pacifistes et des cochons militaires. Quand ils te voient ils deviennent dingues. Ils se précipitent sur toi et ils commencent à te manger et, à force d'être tous sur toi, ils se mettent à se manger eux-mêmes et ils ne savent plus ce qu'ils mangent, tout le monde se mange. Moi, j'attends derrière un arbre et je regarde. Je viens après tous. J'arrive dans cette montagne de chair moribonde qui respire encore, qui bruisse de désir encore, et je la mange, je la mange. Je mange leurs désirs, je mange leurs rêves, je mange leurs plaisirs, je mange leur histoire, je mange tout ce qu'ils ont mangé depuis leur naissance. C'est délicieux... » Et tu es tombé par terre paralysé par ton plaisir.

Un autre jour tu m'as dit : « Je rêve de toi tout le temps, même quand je suis avec toi je rêve de toi. Tu te transformes en une truie et des ailes te poussent. Et moi, des ailes me poussent aussi. Elles sont plus grandes que les tiennes et on s'envole loin, très loin. On va en Suisse. On s'arrête à Montreux. On se met sur le lac, on vole, je t'emmène. Puis on va sur la plage. Et là je commence à te dévorer tout entière. Je commence par les pieds, je continue jusqu'aux ailes qui sont le meilleur parce qu'elles ont le même goût que tes oreilles. Une fois que je t'ai entièrement dévorée, une fois que tu es en moi tu commences à me manger les organes jusqu'à ce que tu m'avales complètement. Puis, une fois dans ton estomac, je me mets à mon tour à manger ton intérieur jusqu'à t'avoir en moi à nouveau tout entière. » Tu as levé la voix avec un ton merveilleusement insultant et tu as déclaré, tendu, désespéré, agacé : « Grâce à toi espèce de truie, espèce de rien, espèce de bouffe à cochon, je me mange, je me jouis, je sens mon goût... » Et tu es tombé dans une terrible extase.

Quand tu t'es remis sur pied je t'ai demandé pourquoi tu me gratifiais de tant de poésie, de tant de beauté, moi qui ne valais rien, qui n'étais ni jolie, ni intelligente, ni drôle. Tu m'as dit l'air pensif que tu ne savais pas. Que c'étaient peut-être mes oreilles. Que l'attirance, que le désir, c'était arbitraire. Quand tu es parti je t'ai envoyé un texto : « J'aimerais mourir tout de suite pour garder ces deux heures comme le dernier souvenir de la vie. »

Mais avant cela, bien avant cela tu m'avais dit : « Tu es ma chose à moi, tu es ma truie à moi. Je t'ai achetée dans un marché aux cochons. On t'a tatouée avec mon nom. On t'a dit : "Tu es la propriété de ce gros cochon-là. Tu es sa chose. Tu es à sa disposition. Il pourra te vendre, te manger, te partager, faire de toi des brochettes, des jambons, des croquettes, te prostituer au profit d'autres cochons ou de chiens, ou d'hommes, ou de serpents ou de tigres. Il pourra te transformer en un sac, en un tas d'os. Il pourra te torturer, t'envoyer dans un abattoir. Il pourra te dire de faire des petits cochons pour qu'il les mange s'il le souhaite." »

J'ai trouvé ces phrases si belles que je me suis presque évanouie. Comment osais-tu ? Personne ne m'avait parlé ainsi et j'ai pleuré en moi. Parce que toi tu n'aimais pas que je pleure. Tu trouvais cela dégueulasse sauf quand l'envie te venait de boire mes larmes. Là tu me faisais pleurer avec des oignons que tu me demandais d'acheter. Tu m'as dit un jour : « Tes larmes sont les choses les plus exquises que ma langue ait jamais léchées. Ce sont comme des perles pour un cochon. Des perles. Mais pas tes larmes de tristesse. Ces larmes-là sont amères. »

Le lendemain je t'ai avoué que ce que tu m'avais dit, « Tu es ma truie à moi », était le plus beau compliment qu'on m'ait jamais fait. Tu as ri. Tu ne pouvais pas croire que tes phrases sorties des égouts que tu devais dire à chacune de tes maîtresses me fassent un tel effet. Tu étais si ému que tu m'as proposé d'aller voir un autre porc. Pas un roi comme toi, un porc plus modeste, un porc médecin avec qui tu faisais des rencontres, des fêtes et que sais-je encore. Tu ne m'as jamais précisé. « Je fantasme qu'un autre te fasse des choses devant moi », m'as-tu dit.

Nous sommes arrivés dans un immense appartement près de l'Étoile. Il nous attendait avec sur la table du champagne et des saucissons qu'il m'a proposés. Je lui ai dit : « Non, merci. Je suis végétarienne. » Et vous avez ri tous les deux. Rien ne fait plus rire un cochon que le végétarisme. Un cochon n'a aucun problème pour en manger un autre si l'occasion se présente. L'important c'est de ne pas être le cochon que l'on mange et non pas que l'on mange des cochons. J'étais abasourdie. Mais il ne fallait pas perdre de temps parce que ta femme t'attendait.

Tu as mis dans ma main gauche de la confiture d'oranges que tu avais apportée dans ta poche.

Tu y as versé le contenu entier du pot. C'est alors que le porc qui nous recevait s'est mis à me lécher la main. Il mangeait la confiture avec tant d'engouement que je pensais que c'était ma main qu'il dévorait. Il faisait des bruits bizarres et j'étais dégoûtée. Et tu m'as pris l'autre main et tu m'as dit : « Dis-moi : "Je suis à toi." » Je t'ai dit : « Je suis à toi. » Mais au lieu de regarder la scène, au lieu de rentrer en extase en voyant l'autre porc me lécher la main comme tu l'avais prévu, tu as dit : « Je m'en vais, on s'en va. Je ne me sens pas bien. » Et pendant que l'autre porc disait : « Cette femme est merveilleuse », tu as dit toi aussi, mais avec une espèce de tristesse : « Oui, elle est merveilleuse. »

J'ai pensé que tu étais jaloux. J'ai pensé que tu ne voulais pas me partager. J'ai pensé ce soir-là que quelque chose qui ressemblait à de l'amour pouvait traverser ton cœur féroce et inatteignable de porc. Et on est partis.

Mais comme tu es un vrai porc tu n'as pas voulu prendre la peine de m'accompagner jusque chez moi. Je pouvais prendre un taxi, après tout. Ces délicatesses-là te sont étrangères même quand un sentiment vertigineux comme l'amour traverse ton cœur porcin.

L'autre cochon m'a accompagnée jusque chez moi, mais pas par galanterie. Il voulait continuer à me lécher la main. Je l'ai éconduit.

49

Je lui ai demandé s'il m'avait pris pour une pute, pour une moins que rien. Que j'étais Voltaire, que j'étais une grande intellectuelle. Que je ne donnais pas comme ça ma main à lécher à n'importe quel porc. Que toi tu étais le roi des porcs, que tu étais mon roi à moi. Que tu étais en moi.

Mais lui qui n'avait aucune solidarité envers toi, comme c'est toujours le cas entre cochons, m'a dit : « Il ne vaut pas la peine. Il est marié, il n'a pas un sou. Il dépend des sous de sa femme. Si elle le quitte il est foutu. Il n'est pas un porc libre comme moi. Il n'est pas riche comme moi. Il n'a pas le cœur disponible comme moi. Il n'est pas un cochon comme il faut. »

Et toi, quand tu l'as su, tu ne t'es pas mis en colère. Tu m'as dit : « Il ne m'obéit pas toujours. » Je me suis demandé : « Peut-il y avoir des porcs obéissants ? C'est impossible, c'est un oxymore. » Un porc obéissant n'est pas un porc. Il en va de même de la trahison et de toutes les formes imaginables de la transgression.

Le propre du porc est la liberté. Chaque fois qu'il est censé respecter un engagement, tenir une promesse, se priver de quelque chose pour montrer à autrui qu'il est un bon porc, il a besoin de casser, de trahir, de mentir, de se sauver. Il a besoin de dire : « Je suis porc, je fais ce que je veux. »

Quand tu étais chez moi et que ta femme te téléphonait, pour te sentir libre, pour te sentir toi, pour ne pas te sentir surveillé, tu me disais : « Pendant que je lui parle tu me suces le pouce. » Et toi tu parlais comme si de rien n'était. Tu étais gentil et attentionné avec elle parce que moi j'avais ton pouce dans la bouche. Une fois tu me l'as enfoncé si loin pendant que tu lui parlais que je fus sur le point de vomir. Comme si en faisant ainsi tu me trahissais moi aussi.

Une autre fois, pendant que tu étais avec moi dans une séance de récitation, tu as répondu à l'une de tes maîtresses. J'ai presque entendu la conversation. Je t'ai dit : « Tu pourrais t'en priver, puisque tu es avec moi, qu'on ne se voit pas si souvent que cela. Tu aurais pu la rappeler après. » Tu m'as répondu : « Ce n'est pas vrai. Ce n'était pas une maîtresse, je ne sais pas qui c'était, personne ne m'a téléphoné. Tu te trompes. C'est ton téléphone qui a sonné, pas le mien. C'est toi qui réponds à tes amants pendant que je suis avec toi. » Et même si ton but était de me convaincre, pour toi l'important était de te sentir libre à l'intérieur de toi plus que de me mentir. Il te fallait parler avec l'autre pour que ton cœur de porc se dise : « Je n'appartiens à personne, pas même pour quelques heures, pour quelques minutes, pour quelques secondes. Je n'ai que mon désir pour maître. »

Je ne cessais de penser qu'un tel esclavage c'est terrible, c'est tragique, c'est trop lourd. Même pour un cochon.

Cinq

Personne d'autre que K. ne savait que je te voyais. Je le lui ai raconté parce qu'il avait été le seul de mes amis qui était vraiment enthousiaste à l'idée que je publie mon livre sur toi. Et aussi un peu par hasard.

Un jour K. m'avait téléphoné au moment même où tu venais de partir de chez moi. J'ai cru qu'il avait senti dans ma voix ce qui se passait. Quand je lui ai avoué la vérité, K. était en colère. Il était outré : « Tu es folle. Beaucoup plus folle que je ne le pensais. » Pour finir de m'assommer il a ajouté : « On dirait la Belle et la Bête. » J'ai rétorqué : « Tu exagères » avant de trouver un prétexte pour raccrocher.

J'avais dit à mes autres amis que j'avais une liaison avec une espèce de vieux macho. Un homme laid, gros, qui se permettait de me traiter comme si j'étais une hôtesse de l'air. Un abruti qui croyait qu'il me dominait. Un type qui n'avait jamais pris la peine de lire ne serait-ce qu'une ligne de ce que j'écris. Que cet aspect de ma personne ne l'intéressait pas du tout. Je leur disais que je trouvais tout cela très excitant. Que c'était merveilleux. Que cette brute me faisait, sans le vouloir, le plus somptueux des cadeaux : elle m'offrait le Présent.

Mes voisins en revanche te voyaient, tel un fantôme, entrer dans mon immeuble, prendre l'ascenseur et sonner chez moi. Mais cela est resté comme une fantaisie, comme un délire de cet édifice si singulier dans lequel j'habite. Parce que la folie n'est pas l'apanage des personnes : elle peut aussi envahir les choses.

Mon immeuble a toujours été atteint de cette maladie, elle lui est congénitale. C'est la faute de l'architecte qui l'a construit. La cage d'escalier est si terrifiante, si belle et si énigmatique que les gens adorent s'y suicider. Elle permet de croire à ceux qui choisissent d'y tomber qu'ils ne cherchent pas la mort mais à dévoiler un secret, à trouver un paradis, à atteindre le bonheur.

J'ai souvent pensé que la folie de ce lieu expliquait que la presse qui te persécutait jour et nuit n'ait jamais été mise au courant par mes voisins de tes visites assidues pendant tant de mois. J'étais persuadée que quand mes voisins te voyaient ils doutaient de la réalité de ta présence. Tu m'as dit un jour que l'une de mes voisines t'avait touché et qu'elle avait même cherché à te faire entrer dans son appartement. Et alors que tu aurais voulu en profiter, pour elle tu étais de la même étoffe qu'un rêve.

Au début de notre liaison, cette clandestinité me fascinait. Je me sentais l'héroïne d'un roman d'espionnage. J'étais amoureuse de l'être le plus méprisé du pays, le plus méprisé de la planète. J'étais convaincue que tout le monde avait tort et que moi j'avais raison. Que j'avais raison de t'aimer. Mais j'avais tout le temps peur. J'étais terrifiée à l'idée que quelqu'un le sache. Que si jamais je prononçais ton nom dans une conversation mon interlocuteur découvre tout de suite la vérité.

Pour la première fois de ma vie l'amour m'a semblé un sujet digne d'interrogation philosophique. J'ai écrit plein de papiers à ce propos. Je prenais comme point d'appui des films, des livres ou des événements de l'actualité pour parler de l'amour, de l'amour que je ressentais pour toi.

J'ai écrit sur le caractère unilatéral de l'amour. Aussi sur la jalousie, contre la jalousie. Je voulais créer une théorie de l'amour à partir de ma situation : une nonne qui tombe amoureuse d'un cochon. Une nonne qui se détourne de la grandeur de l'amour divin pour se vautrer dans les ordures. Une nonne qui avait cessé de prier parce que le Christ s'était présenté à elle en personne sous les allures d'un vulgaire animal de ferme. Sous les allures du roi des cochons.

Toi tu m'aimais aussi. Certes, c'était un amour de cochon. Il ne fallait s'attendre à aucune espèce de galanterie, de tendresse, de douceur, de délicatesse. C'était un peu rustique, un peu brutal, un peu roublard, un peu barbare, mais c'était quand même un sentiment que les humains pourraient rapprocher de l'amour. Cela veut dire qu'il peut tenir à quelqu'un. Cela signifie qu'il en a besoin, qu'il y est attaché. Qu'il veut voir, prendre, toucher, jouer, être en contact avec une certaine régularité.

Le mot aimer est trop abstrait pour un cochon. Il ne peut même pas le concevoir et il peut à peine le prononcer. Il ne sait même pas de quoi il s'agit. Le cochon sait ce qui lui plaît, ce dont il a envie, ce qui l'attire. Aimer c'est une invention, une fantaisie des humains. C'est une manière d'unifier et de nommer un ensemble de sensations fragmentaires, de penser qu'on ressent les mêmes choses que les autres, de se raconter des histoires au lieu de vivre la singularité d'une expérience. Puisque ce mot rend homogènes des choses qui ne le sont guère, les humains pensent que deux ou plusieurs personnes auxquelles on est attaché sont en concurrence les unes avec les autres.

Le cochon qui est étranger à de telles supercheries ne connaît pas la fidélité. Il vit des choses différentes avec chacune des femmes qu'il fréquente. Il peut trouver l'une plus intéressante que l'autre. Mais ce jugement-là est de la même nature que celui d'un humain qui préfère un grand artiste à un autre. Le cochon sait que chaque fois c'est unique, c'est *autre chose*. J'ai souvent pensé que si les humains étaient ainsi, personne ne serait seul.

En revanche, ce qu'un cochon ne peut pas faire, c'est idéaliser l'objet de son attachement. C'est l'une des différences entre l'amour des porcs et celui des humains. Le cochon a besoin de dégrader, de souiller, de détruire symboliquement l'objet de son amour. Il préfère les égouts aux palais et, si jamais il est dans un palais, il se plaît à le transformer en un égout.

Aucune explication psychanalytique ne serait suffisante pour rendre compte de cette impossibilité que le cochon a d'idéaliser. Il s'avère que lorsqu'il aime, l'objet de son amour doit être un cochon comme lui. Le cochon ne peut pas s'attacher à un humain. Il a besoin de congénères pour s'épancher, pour courir, pour jouir, pour s'amuser. C'est pourquoi ces rituels de dégradation étaient si importants pour lui, et pour moi aussi je l'avoue.

Si je t'ai tant aimé, ce n'est pas seulement parce que tu étais un cochon mais aussi parce que tu me permettais d'être une truie pendant quelques heures. Tu me permettais de ne plus être une humaine véritable. Les femmes ignorent, tout comme moi je l'ignorais avant cette rencontre insolite, à quel point c'est beau d'être une truie. À quel point on peut être heureuse en oubliant son nom, son statut, ses croyances, ses origines, sa langue, son espèce, sa profession, ses idées politiques, ses passions esthétiques, pour rentrer de la manière la plus passive qui soit dans le rêve d'un porc. D'être une truie dans le rêve interminable d'un porc.

C'est encore plus beau, encore plus reposant que d'être une chose. Parce que les choses imposent certaines contraintes physiques : elles se cassent, elles se tordent, elles s'abîment. Alors que quand vous n'êtes que le personnage du rêve d'un autre aussi brutal, aussi barbare, aussi peu délicat qu'un porc, vous vous laissez entièrement porter, vous ne décidez de rien, vous n'avez à penser ou à imaginer quoi que ce soit. Vous n'avez rien mais rien à faire.

Et ma fonction dans la vie est d'inventer tout le temps des choses, des théories et des mondes avec l'écriture. Je suis hantée par l'idée que si je n'écris pas ou plus, le monde ou tout au moins le mien disparaîtra. Que c'est moi qui le porte dans ma tête. Que c'est toujours à moi de raconter quelque chose. Alors que pour toi, ton plus grand bonheur était de m'inventer, de me rêver, de me raconter. J'avais le sentiment que mon existence dépendait de ta pensée. Que je pouvais enfin prendre congé de moi-même.

Six

Le plus grand mystère qui entourait nos rencontres c'est leur rythme. Tu venais chez moi tous les neuf jours. Tu restais deux ou trois heures. Plutôt trois que deux.

Au bout de quelques mois j'ai commencé à te demander pourquoi tu ne restais pas un peu plus longtemps, pourquoi on ne se voyait pas plus souvent. Jamais tu n'as voulu me l'expliquer. J'étais toujours insatisfaite. Et plus nos rencontres étaient fantastiques plus j'avais envie d'en avoir d'autres, d'en avoir de plus longues.

En avril j'ai commencé à être malheureuse. Je croyais que c'était parce qu'on ne se voyait pas comme je l'aurais voulu. Je me disais que les passions doivent être consommées, détruites ou transformées. Elles ne peuvent pas être vécues dans une fixité perpétuelle, jusqu'à la fin des jours, comme tu le voulais. Quand un livre me plaît, je dois le terminer dans la journée, quitte à ne pas dormir. Je déteste corner les pages. Quand j'aime un auteur il faut que je lise tous ses livres d'un coup jusqu'à l'épuiser. C'est seulement alors que je m'apaise.

Et toi, tu ne voulais pas. Tu me soumettais à cette torture de ne jamais me donner autant que je voulais. De ne jamais te terminer, t'épuiser. D'avoir chaque fois à te corner. C'est pourquoi j'étais persuadée que cette passion s'était transformée en une sorte de toxicomanie. Je ne t'aimais pas : j'étais en manque de toi. Parce qu'on ne peut aimer qu'après avoir épuisé, après avoir tout lu, après avoir connu. Mais toi tu ne voulais que cela. Que l'on reste congelés dans ce seuil douloureux d'avant l'amour. Dans cette magie, dans cette fête, dans cet état de grâce.

Tu ne comprenais pas la souffrance que je ressentais. Le cochon ne souffre que lorsqu'on le torture physiquement. Le cochon ne connaît pas cette chose si humaine qu'est la souffrance psychique. Tant que son corps est en bonne santé, tant qu'il peut sauter, manger, baiser, imaginer, il n'est que bonheur.

Et le porc ne peut jamais faire cet effort de se mettre à la place des autres. Il a trop à faire avec ses plaisirs, avec ses désirs, avec ses rêves à lui.

Il préfère penser que les autres sont aussi porcs que lui. Que le monde est une grande porcherie qui regorge de créatures de son espèce. Alors que moi j'étais dans un état d'inquiétude permanente. Je me disais : « Je vais mourir, je vais exploser. » Je ne pouvais vivre en te voyant mais il m'était encore plus douloureux de ne pas te voir du tout.

J'ai commencé à te quitter mais je n'y arrivais pas. Je ne pouvais pas me passer de ces séances de récitation. C'était impossible. Je te quittais et je te reprenais toutes les trois semaines. En mai je suis tombée malade. J'ai commencé par avoir un dégoût de toute nourriture. J'allais au restaurant, je commandais un plat et quand je l'avais devant moi j'avais envie de vomir. Je disais au serveur : « Enlevez-moi cette horreur s'il vous plaît. » En même temps, j'ai commencé à avoir des infections, des vertiges et des lumbagos qui m'empêchaient de marcher. Puis ont commencé les cauchemars.

Une nuit j'ai rêvé que j'étais enfermée dans un sac étroit et comme en cuir et que je ne pouvais plus respirer. J'entendais ta voix à l'extérieur. Je comprenais que tu m'avais dévorée, que j'étais dans ton estomac. Tu me demandais : « Tu crois que je t'ai mangée ou que je suis enceinte de toi ? Enceinte ce n'est pas possible, pas possible, disais-tu en riant, parce que je ne suis pas une truie comme toi. » Tu ajoutais : « En dix secondes tu seras digérée, tu disparaîtras, mais tu ne le raconteras à personne, à personne. »

Tu diras que malade, je l'étais avant. Plus que malade j'étais méchante. Très méchante. C'est pourquoi je voulais détruire cette relation, cette beauté, cette saleté. C'était ta théorie. Tu me disais que cette beauté c'était la vie, que cet amour c'était un jeu comme la vie elle-même. Qu'il fallait que je le prenne calmement. Qu'il fallait que j'apprenne de toi.

Mais rien de ce que tu me disais n'était en mesure de m'apaiser. Je me sentais tout le temps en danger. Je ne cessais d'être hantée par les plus noirs des présages. Je savais que la seule issue était de reprendre ma vie normale, même si c'était une vie sans présent, une vie sans chair ni sang. Une vie dont la seule vraie ferveur est l'écriture. Mon écriture. Cette opération qui consiste à me transformer en l'objet de ma propre passion. À arracher de moi des choses que j'ignore posséder. La seule passion que je peux avoir l'illusion de maîtriser même si je ne la maîtrise pas vraiment. Une passion qui ne s'épuisera jamais.

Je te disais : « Dès que je me remettrai à écrire un livre je ne te verrai plus. Je t'oublierai. » Toi tu t'inquiétais, tu ne comprenais pas. Mais moi, je le savais. Si je ne l'avais pas su je n'aurais jamais accepté de te rencontrer. Je n'aurais pas couru un tel risque. Je savais que les porcs ne peuvent rien faire d'autre que profiter et abuser. Je ne pouvais pas te laisser faire.

J'étais persuadée que c'était en écrivant un livre sur toi ou plutôt sur nous ou plutôt sur moi et sur toi que j'allais enfin t'arracher de ma tête, que j'allais te tuer pour que tu cesses de hanter mes nuits et mes jours. Pour que tu cesses de m'accabler de tant de bonheur.

Sept

Arrivée à ce point il me faudrait préciser à qui je parle quand je te parle. Jusqu'ici ce « tu » avec lequel je me suis adressée à toi englobait aussi bien l'homme que le cochon. Dorénavant quand je dirai « tu » je ne parlerai qu'à l'homme que tu es. Je n'évoquerai le cochon qu'à la troisième personne sauf dans des occasions exceptionnelles lorsque le débordement de mes émotions ne me laissera d'autre échappatoire que de m'adresser directement à Lui.

Toi et le cochon vous êtes deux êtres complètement différents, deux êtres que tout oppose, contraints à vous partager les ressources d'une seule personne. Vous portez le même nom, vous avez le même domicile, le même corps, le même état civil et le même patrimoine. Si l'un d'entre vous enfreint la loi, vous êtes responsables l'un pour l'autre. Puisque vous avez à vous partager les mêmes ressources, l'existence de chacun d'entre vous est intermittente comme dans tous les cas psychiatriques de dédoublement de l'identité. Toi et le cochon vous ne pouvez pas être là en même temps. On a affaire soit à l'un soit à l'autre.

Alors que toi tu as un physique bien défini que tout un chacun connaît, le cochon lui n'a pas une apparence stable. Il est une force qui cherche à dépasser son existence corporelle. Le cochon est un saut, une tension, une pulsation vers l'infini. Toi on peut te photographier sans problème alors que le cochon on ne peut que le filmer. Il est impossible, impensable, non envisageable de fixer son image sans mouvement.

J'ai assisté une fois à ta métamorphose d'homme en cochon. D'habitude tu rentrais chez moi déjà cochon. Un jour, après ta maladie, tu m'as reçue chez toi en homme et, à un moment donné, tu t'es transformé en cochon. Ton corps, ton regard, ta voix étaient différents. Le petit homme grassouillet au physique disgracieux que tu es se laissait emporter par une puissance qui le dépassait, qui l'agrandissait, qui le saisissait à son insu. Il se transformait en support d'une expérience cosmique. Et on aurait dit qu'aucun malheur, même la mort, n'aurait pu l'atteindre. Qu'il était invincible parce qu'il n'était plus un homme mais un ouragan, un volcan, une rage de la terre.

Cette différence de vos apparences respectives se double d'une autre tout aussi grande dans les traits de vos caractères et de vos esprits, dans vos vices et dans vos vertus. Je me limiterai à signaler celles que j'ai pu constater personnellement et qui me semblent les plus importantes et les plus significatives.

Alors que toi tu es calculateur et intéressé, le cochon, lui, ne cherche qu'à satisfaire ses besoins physiques et psychiques immédiats sans aucune arrière-pensée, ce qui t'a causé quelques soucis avec la justice. Tandis que toi tu es un « modéré », c'est-à-dire un homme sans imagination, sans courage politique ou intellectuel, le cochon est un extrémiste, un subversif, un radical, un grand artiste. Le cochon ne cherche jamais le calme et la sécurité. Il est prêt à tout sacrifier pour obéir à son désir. Le cochon est capable de mettre une bombe dans un lit pour avoir une belle extase, même s'il devait en mourir.

Et si tu es un homme blessé et humilié, lui, il ne l'est pas du tout. Parce que, pour un cochon, être blessé et humilié est sa condition. Celle-ci est sa beauté, sa douleur, sa tragédie. Être blessé et humilié et insister. Être blessé et humilié et vouloir continuer de désirer. De mettre le désir au-dessus de tout honneur. D'être incapable, absolument incapable d'aucune forme de dignité. D'être l'immanence pure, la vie pure, la saleté dans toute sa majesté.

J'ai été témoin à un grand nombre de reprises de la métamorphose cochon-homme. Après ses extases, le cochon disparaissait, il s'endormait. C'est toi qui devais partir de chez moi. C'est toi qui devais dire quelques mots en son nom. Cela m'a permis d'observer avec un étonnement toujours renouvelé ta perception du fantastique colocataire avec lequel tu dois partager à contrecœur ton corps et ton temps.

Tu m'as dit quelques fois – le cochon, lui, n'aurait jamais dit une chose pareille : « L'avantage avec toi, c'est que tu es intelligente. Comme ça, après les extases, on a quelque chose à se dire, à la différence de ce qui arrive avec les autres femmes. »

Pourtant, après que le cochon disparaissait, tu ne cherchais qu'une chose : la méthode la plus rapide pour partir de chez moi. Converser avec moi ne t'intéressait pas du tout sauf au temps où le cochon était malade, ce sur quoi je m'attarderai tout à l'heure. Non pas que tu me trouvais ennuyeuse. Ce n'était pas pour cela que tu venais me voir. Puisque j'étais au cochon, pour le cochon, j'étais immédiatement dégradée à tes yeux. Toutes mes qualités ou mes défauts qui t'auraient permis de me considérer comme une amie n'avaient pour toi aucune importance. Ils étaient tous éclipsés par mes rapports au cochon. J'étais du côté de la nuit, de l'ombre, du secret, de la saleté.

Pourtant, tu ne cessais de me faire des compliments lors de tes départs précipités. Et tu étais sincère quand tu les faisais. Et j'aurais pu recevoir le prix Nobel, découvrir un vaccin contre le cancer, sauver la planète d'une terrible catastrophe, ta manière de me considérer n'aurait pas changé. Parce que pour toi le cochon n'était Rien, le cochon était Sale. Il était une créature des égouts qu'il fallait promener de temps en temps. Le cochon était à tes yeux un excrément qui mangeait d'autres excréments. Ses amis et ses amies étaient faits de ces mêmes étoffes répugnantes. J'étais aussi dégueulasse que le cochon. C'est pourquoi il fallait nous séparer de ta vie, nous cacher, ne nous permettre d'exister qu'à des intervalles courts, ne jamais nous mêler à quoi que ce soit d'autre.

Au début, j'avais trouvé cette idée que tu te faisais de moi amusante. Je te disais : « Tu prends Voltaire pour une secrétaire. » Puis j'ai pensé que c'était drôle pour Voltaire mais pas pour la secrétaire. Et aux moments les plus graves de ma crise avec toi je t'ai écrit un mail qui disait ceci : « Tu as transformé Voltaire en une secrétaire. Tu as fait de moi une secrétaire toxicomane, psychotique et mégalomane qui se prend pour Voltaire. »

Au fond, tu méprisais le cochon autant que ceux qui voulaient ta tête. Tu partageais la même opinion que la foule qui brandissait ses pancartes sous ton balcon. Toi aussi tu aurais pu crier avec elle que le cochon était immonde, que le cochon, on devrait l'envoyer en prison. Tu te disais : « Mais il est en prison le cochon. Sauf que je le sors de temps à autre. Sauf que je le promène pour qu'il respire, pour qu'il transpire, pour qu'il cesse de m'adresser ses remontrances. Je le jette quelques heures par semaine chez des créatures aussi immondes que lui pour qu'il me permette d'être en vie. »

La foule disait que tu méprisais les femmes. En vérité c'est le cochon que tu méprisais. Tu méprisais ce frère, ce cousin, ce prochain qui vit en toi tout en étant un autre que toi. Parce que votre société à deux n'est pas du tout égalitaire. Malheureusement c'est toi le maître alors que le cochon n'est que l'esclave. C'est toi le Blanc et lui c'est le Noir, l'Arabe, le colonisé. C'est toi le mâle et lui la femelle. C'est toi le riche et lui le pauvre. Toi tu es l'homme et lui n'est que l'animal, le chien, l'assujetti. Et peu importe que ce soit lui le poète, l'artiste, le génie, alors que toi tu n'es qu'un beauf. Dans la cité dans laquelle tu vis avec le cochon, tu ne déroges pas du tout à cette forme si classique et si regrettable de l'injustice.

Pourtant, tu dois tant au cochon. Tu lui dois tant que tu n'es même pas capable de t'en rendre compte. Tu ne veux pas t'en rendre compte parce que cela t'humilie et te fait honte. J'ai eu l'occasion de voir le cochon aux temps les plus difficiles de la vie de l'homme. Au moment de ta mise à mort médiatique, des convocations judiciaires, des révélations les plus graves de la presse. Le cochon était toujours heureux et majestueux. Il était fou de joie que tu le laisses sortir, que tu le laisses être pendant quelques heures. C'est grâce à lui que tu ne t'es pas donné la mort lorsque la planète entière était contre toi. C'est le cochon qui te donne cette force, cette énergie que tu as. C'est parce qu'il ronronne dans ton sang, parce qu'il te rappelle que la vie peut être cette furie, cette fête, cette saleté, que tu veux la garder, que tu y tiens. C'est à cause de lui que pour rien au monde tu serais prêt à y renoncer.

Certes, être un cochon tout le temps n'est pas vivable à long terme. Le cochon n'est pas équipé entièrement pour vivre en société. C'est une créature qu'il faut savoir sortir au bon moment, qu'il faut ménager, qu'il faut aussi soigner et protéger de l'incompréhension et de la cruauté humaines.

Mais c'est lorsque tu te souviens des ferveurs du cochon que tu peux éprouver quelque chose qui se rapproche d'un sentiment. Sans le cochon tu serais entièrement perdu dans le monde fragile et précaire des émotions, des amours, des attachements. Sans le cochon tu ne serais même pas un homme.

C'est aussi grâce au cochon que tu as séduit ton épouse. Alors que tu n'étais presque rien, le cochon a rendu folle cette femme célèbre et richissime qui allait te permettre de vivre la vie de luxe que tu avais toujours rêvée. La vie à laquelle ta famille ou ton travail ne t'auraient jamais permis d'accéder. Elle a cru que les talents de l'homme étaient aussi grandioses que ceux du cochon. Mais qu'ils étaient encore cachés, dissimulés ou insuffisamment reconnus. Voilà ce qu'elle a cru quand elle t'a rencontré.

Tu sais, par ailleurs, que ce sont tes vices d'homme qui t'ont perdu et non pas la poésie, non pas la folie, non pas la saleté du cochon.

Huit

Tu disais que les juges de Lille t'avaient mis
en examen parce qu'ils avaient ouvert la chasse
aux cochons. Ils avaient élargi le crime de proxénétisme de sorte qu'il coïncide avec les mœurs
et les coutumes de cet animal méprisé. C'était
du puritanisme. Plus que du puritanisme, ajou-
tais-tu outré. C'était du racisme anticochon.

Sous prétexte d'une protestation politique,
d'une indignation de bon citoyen, tu accusais le
cochon des problèmes que t'ont causé les partouzes avec les putes. C'était le cochon le coupable, et non pas l'homme que tu es. Je le croyais
aussi. Je l'ai cru longtemps. J'ai même écrit un
papier pour dire : « Les cochons ont le droit de
faire des partouzes avec des putes sans qu'aucun
juge ne leur demande des comptes. »

Tu disais que tu ignorais que ces femmes étaient des putes. En réalité, tu n'avais pas demandé si elles l'étaient ou pas. Tu t'en foutais. Mais que tu l'aies su ou pas n'était pas du tout le problème. Ce qui était important, ce qui était fondamental pour savoir ce que *tu as fait*, ce que *tu es*, ce sont les rapports que tu entretenais avec ceux qui organisaient ces soirées pour toi.

Ils pensaient que s'ils organisaient ces partouzes ils allaient obtenir des bénéfices le jour où tu deviendrais président. Que tu leur serais reconnaissant. Ils pensaient que tu les nommerais ministres juste pour t'avoir payé toutes ces choses, juste pour avoir baisé avec toi, en même temps que toi. Que tu en ferais tes conseillers, tes porte-parole, tes ambassadeurs et qui sait quoi d'autre.

Mais ils se trompaient. Parce que tu n'es pas reconnaissant de quoi que ce soit. Ils auraient dépensé tout cet argent, ils auraient fait tous ces efforts pour trouver des putes, pour les faire voyager et pour les sauter en même temps que toi et puis, si jamais tu avais été élu, tu les aurais laissés tomber.

Tu te disais : « Si jamais je ne suis pas élu ils ne vont pas souffler mot parce qu'ils se saliraient eux-mêmes pour avoir fait des choses de cochon. » Tu te disais aussi que si tu étais élu président ils seraient à tes pieds quand même.

Tu n'aurais pas à leur donner la moindre explication pour les avoir abandonnés. Ils auraient continué à être tes esclaves. Certes, tu aurais pu à ce moment-là te passer de leurs services parce qu'une foule de personnes auraient été prêtes à faire les mêmes choses qu'eux pour toi, en dépensant encore plus d'argent qu'ils n'en ont dépensé.

Cela t'amusait qu'ils pensent qu'ils allaient profiter de ton pouvoir à venir. Tu abusais d'eux et cela te faisait vachement plaisir. Qu'ils s'imaginent que ce qu'ils faisaient leur rapporterait des bénéfices alors que tu savais qu'il n'en serait rien.

Tu aimais bien que ces pauvres diables cherchent à te contenter. Tu aimais bien qu'ils payent tout, qu'ils se chargent de tout, qu'ils t'attendent à ces soirées comme si tu étais un roi. Non pas un roi constitutionnel comme Élisabeth l'Anglaise, mais une sorte d'empereur antique ou asiatique. Qu'ils s'occupent de satisfaire tes nécessités sexuelles dans des bacchanales pour te faire sentir le goût du paradis avant l'heure. L'heure où tu serais élu. Tu te sentais très puissant lorsqu'ils s'occupaient de ces choses-là pour toi. Ce qui te faisait jouir c'est ce pouvoir que tu exerçais sur eux sous prétexte de jouer un jeu de mâles.

Les putes qu'ils faisaient venir étaient complètement secondaires. C'étaient eux que tu baisais.

C'était un jeu de dupes. Il fallait que comme des putes ils fassent semblant de jouer un jeu de mâles avec toi quand en vérité c'était le jeu d'Un Seul Mâle. C'était eux que tu abusais, que tu humiliais, et non pas les putes pour qui baiser contre de l'argent constitue le métier. Eux, ils pensaient qu'ils étaient tes putes. Tu jouissais des services de ces types tout en sachant que jamais tu ne les paierais.

Au fond, ces hommes étaient des idiots. Personne ne les a obligés à te faire confiance, à parier sur toi. Mais ce qui est répugnant, c'est la jouissance que tu ressentais à les abuser de cette manière. À faire mine de ne pas les abuser. Certes, tu n'as commis ni crime ni délit et tes juges se trompaient. Mais cette jouissance que tu ressentais avec tes esclaves est dégueulasse. Et moi qui aurais pu comprendre je n'avais rien vu, parce que je ne voulais pas du tout le voir. Parce que cela fait de toi un salopard jouissant de l'humiliation d'autres personnes qui ne désirent pas être humiliées, qui ne savent même pas qu'elles le sont.

Seul un homme humilié peut faire ça, et pas un cochon. Un homme qui aurait besoin de faire subir à d'autres sa propre humiliation pour éprouver le vertige d'être un homme. Parce que ce n'est pas le cochon qui profitait de ces fêtes mais toi, juste toi. Voilà ce que j'ai fini par comprendre un jour.

Tu disais à ce sublime animal : « Moi aussi j'ai des envies. Des envies d'humain et non pas de cochon. Tu attendras dans les toilettes des dames et je te ferai sortir le moment venu pour que tu profites un peu toi aussi. Mais le principal, c'est pour moi. Ces soirées sont faites pour me rendre hommage à moi et non pas à toi. »

Cela faisait longtemps, très longtemps que tu vivais avec ce sentiment d'humiliation en toi. Et ça, les gens ne pouvaient pas le savoir. On ne le pouvait pas. On voyait un homme qui était ici et là, qui avait des postes importants, des postes mirobolants. Un homme qui ratait les trucs à chaque fois, mais on se disait qu'il était voué à un grand destin.

Très peu de gens savaient que ta femme avait fait de toi son caniche. Non pas parce qu'elle était trop riche. C'est que toi, tu ne pouvais pas t'en aller. Tu ne pouvais pas envisager de la quitter parce que cette vie de luxe-là, c'était impossible d'y renoncer. Impossible une fois que tu y avais goûté.

D'autres auraient pu. D'autres n'auraient pas été enchaînés de cette manière-là. Mais toi tu l'étais. C'est pourquoi elle te possédait, c'est pourquoi tu étais devenu son caniche, un macho qui se sent un misérable caniche. Et plus elle faisait semblant de ne pas se rendre compte que tu étais enchaîné à elle par son argent, plus elle te possédait, plus elle te soumettait à cette humiliation, à cette terrible prostitution.

Elle avait ce rêve d'être l'épouse d'un président. Elle avait fait ce rêve depuis longtemps. Et quand elle t'a connu elle s'est dit : « Celui-ci est mon cheval. Je l'ai trouvé. Le voilà enfin. » Si elle ne l'avait pas tant voulu tu aurais abandonné la politique. Tu aurais sans doute fait autre chose. Mais tu as fait ce qu'elle voulait de toi, ce qu'elle t'a demandé de faire.

Lors de ta chute tu as perdu une vie qui n'était pas la tienne. Parce que ta vie à toi, cette chose si précieuse pour celui ou celle qui la vit, tu l'avais vendue, tu l'avais échangée contre de l'argent, des palais, des voitures, des serviteurs, des costumes, des voyages, des chaussures. Et à un moment donné tu ne savais plus ce que tu avais vendu, ce que tu aurais fait si tu avais eu une vie à toi. La seule chose que tu connaissais, c'était le prix que t'avait rapporté cette vente. Il fallait que tu croies que ce prix-là était l'équivalent de la vie que tu avais perdue, de la vie dont tu n'étais plus le maître. Que dans ces biens dont tu profitais, quelque chose comme un cœur, un désir, une espérance à toi battait encore. Il te fallait croire à la réalité de l'équivalence entre le prix et la chose vendue. Tu savais que c'était une illusion mais tu ne voulais pas te l'avouer, même pas y penser.

Un jour de mars, au plus dur de ta chute, tu m'as dit : « Je me suis trompé. Ma vie a été une terrible erreur. J'aurais pu faire tant d'autres choses de cette vie-là. » Tu me l'as dit et j'ai vu que tu étais en train de ressentir quelque chose d'extraordinaire. Je n'avais pas à te consoler. Tu avais une grande chance pendant que tu disais ça. Tu avais encore une chance de prendre ta vie en main. Je t'ai chuchoté : « Tu as cassé la vie que tu avais parce qu'elle ne te plaisait pas. » Et toi ce jour-là tu m'avais crue. Ce jour-là tu croyais vraiment que cette vie-là n'était pas la bonne vie pour toi. « Mais quelle vie crois-tu que j'aurais dû avoir ? » m'as-tu demandé.

Soudain, un gouffre s'est ouvert sous tes pieds. Un vent froid et vertigineux a inondé mon appartement. Les meubles ont bougé, les murs sont devenus bleus. Ma chienne s'est agrippée à moi de peur de tomber dans l'abîme. Pendant quelques minutes, quelques petites minutes tu as regardé, tu as vu l'abîme toi aussi. Tu as eu peur, tu as eu confiance, tu étais heureux d'être malheureux.

Mais en sortant de chez moi, dès le moment où ma porte s'est fermée, tu avais oublié ce moment extraordinaire. Tu étais déjà englouti par d'autres pensées. Ta femme t'attendait. Tu devais arriver à l'heure. Tu devais occuper pendant quelques mois encore ta place de caniche. Tu devais bouger la queue quand elle te jetait des friandises même si tu savais que ton rôle de caniche était terminé. Que tes heures de caniche étaient comptées.

Neuf

Ta femme n'était pas seulement ta propriétaire à toi. Elle l'était aussi de ce merveilleux animal. En te vendant à elle, tu l'avais vendu lui aussi. Elle te disait : « Le cochon est à moi et toi tu es à moi aussi. J'ai les deux, je vous possède tous les deux. Tu peux sortir le cochon si tu veux mais toi tu restes là, avec moi. Tu envoies le cochon et pas trop longtemps. Parce que le cochon peut s'habituer, il peut s'attacher à quelqu'un même s'il est un cochon. Dans certains pays on en fait des animaux de compagnie. On les promène avec une laisse dans les rues. » Elle était toujours un peu inquiète à cette idée.

En vérité, elle appréciait beaucoup que le cochon sorte seul. Elle en était presque fière. Elle se disait : « Mon caniche est un séducteur, un vrai baiseur. Mon caniche est un homme, c'est pourquoi il a besoin de montrer le cochon, de le sortir souvent, parce qu'il a en lui non pas un cochon quelconque mais le roi, l'empereur, le Lance Armstrong des cochons, dopage inclus. » Parce que tu donnais des médicaments à ce pauvre cochon. Tu ne cessais de lui en donner. Et le cochon n'en avait pas forcément besoin. Le cochon était un imaginatif, un créateur, un poète. Il n'était pas un grand sportif. Plutôt le contraire. C'était un cochon vieux et fatigué. Un cochon qui avait vécu et qui aurait dû prendre sa retraite en tant que sportif et faire ce qu'il faisait avec moi : parler et parler, juste parler. C'est pourquoi il aimait tant ma compagnie, le cochon. Il pouvait se passer des médicaments. Il pouvait être lui-même. Il pouvait ne pas faire des exercices fatigants, et se nourrir de ses phrases et de ses rêves.

Tu me disais : « Le cochon, ce sale cochon, n'aime pas ma femme. Je n'y peux rien. Quand le cochon n'a pas envie, je ne peux pas l'obliger. Il est trop indépendant, le cochon. » Mais tu me mentais. Parce que le cochon aime tout ce qui se présente à lui. C'était ta chance. Ta grande chance. Il se comportait comme un bon cochon avec elle. Il la servait autant qu'elle voulait. C'était normal. Il savait que c'était elle qui le nourrissait, qu'elle était la gaveuse de cochon. Et le cochon mangeait beaucoup. Il mangeait énormément. Elle lui donnait des choses luxueuses. Elle lui servait une sorte de caviar pour cochon qu'elle faisait venir de la mer Noire. Elle lui achetait des truffes dans un magasin de la Madeleine, elle faisait livrer plusieurs kilos de marguerites par jour pour qu'il les mange. Mais le cochon, en cachette, se précipitait dans la cuisine pour manger aussi le contenu des poubelles. Il y trouvait autant de plaisir qu'avec le caviar, les truffes et les marguerites.

Ta femme lui faisait donner des bains par des servantes qui le brossaient et lui mettaient du vernis sur ses ongles. Pendant ces séances, il en profitait pour faire des choses sales avec elles. Et ta femme le savait. Mais elle se disait : « C'est la seule manière de faire en sorte que le cochon soit propre et bien tenu. Il n'y a aucun mal à se faire sucer par une femme de ménage. »

Elle lui achetait des chaussures de luxe pour cochon qu'il mettait juste pour la contenter. Elle voulait même qu'il porte des cravates parfois. Mais ça, il refusait. Le cochon, elle le savait, était beaucoup plus désobéissant que toi. Le cochon, à la différence de toi, n'accepte pas les maîtres. Il ne peut pas faire les mêmes compromis que toi. Mais il se moquait d'elle dans son dos, jamais devant elle. Il n'était pas si stupide que cela, le cochon, il ne se serait pas mis en difficulté. Il se vengeait d'elle quand elle n'était pas là. Il crachait contre sa maîtresse, il crachait aussi contre toi.

Tout le monde sait que ta femme n'a pas été fâchée avec le cochon à cause de ces partouzes glauques. Elle trouvait normal que le cochon se promène, qu'il s'étire les pattes, qu'il se vautre dans la saleté. Elle n'avait pas vu ce que tu avais fait. Ou si elle l'avait vu elle pensait qu'un homme comme toi avait le droit d'abuser d'autres hommes comme lui. Elle t'a juste reproché ton imprudence. Elle t'a quitté parce qu'on faisait peser ta condition de paria sur elle. Elle disait : « J'en ai marre que dès que j'ouvre un journal, dès que j'écoute la radio, dès que j'allume la télévision, la seule chose que je voie c'est le cochon jouant des rôles d'acteur porno. J'en ai marre qu'on m'accuse, qu'on me soupçonne, qu'on me punisse à cause de toi. »

Mais toi tu avais besoin de ces horribles partouzes. Tu as voulu te montrer à toi-même que toi aussi tu pouvais soumettre les gens comme elle te soumettait toi. Que toi aussi tu pouvais avoir des putes à ta disposition, je veux dire ces commissaires de police et ces hommes d'affaires glauques, tout comme elle t'avait toi et le cochon pour elle. Tu as voulu venger sur eux ton honneur de mâle blessé.

Tu savais que tu courais de grands risques en agissant ainsi. Tu savais que tu étais surveillé, qu'on allait chercher à te faire tomber. Mais cela te plaisait. Tu voulais boycotter les désirs de ta femme. Mais c'était juste une partie de toi qui voulait ça. L'autre partie avait peur tout le temps, peur qu'elle ne te quitte. Tu avais affreusement peur. Mais cette peur-là te plaisait aussi. Parce que tu continuais toujours à lui en vouloir de te transformer en son caniche et ce, même après ton hécatombe. Autrement, tu n'aurais jamais lancé le cochon vers moi. Tu aimais avoir peur, défier ta propriétaire qui t'aurait immédiatement quitté si elle l'avait appris. Elle aurait trouvé ta liaison avec moi bien plus grave que les partouzes avec des putes, même si nous ne couchions pas.

Mais ça, elle n'aurait jamais pu l'imaginer. Comment imaginer ce que nous faisions ? Elle aurait juste vu que le cochon fréquentait d'une manière régulière une femme comme moi. Une sorte de créature qui se prenait pour Voltaire. Une créature qui avait dit un jour : « Je ne suis pas une femme. Il y a eu un temps où j'ai cru que je l'étais mais je ne le crois plus maintenant. » Qu'à cet être le cochon ne cessait d'écrire des mails et des textos pleins de ferveur. Mais comme il fallait la contenter aussi tu me laissais très peu le cochon.

Pourtant, la foule a cru que les partouzes avec des commissaires de police c'était de la faute du cochon tout comme l'affaire du Sofitel. Elle a cru que tout cela était de la même nature. La foule croyait que toi, tu étais remarquable, et ton épouse encore plus, alors que le cochon était affreux, intraitable. On a cru que tu te laissais dominer par le cochon. Que même votre couple avait fini par être détruit par le cochon. On a cru.

Tu lui as fait porter le poids de tes fautes d'homme et les fautes de ton mariage. Les juges t'ont traité comme un gardien imprudent et négligent du cochon. Ils ont même vu en ton épouse une pauvre femme trompée. Comme si vous étiez un couple de grands bourgeois classique dans lequel le mari volage trompe sa femme à cause du cochon qu'il y a en lui. Cette interprétation t'a bel et bien arrangé. Tu n'apparaissais pas comme un salaud qui jouissait de l'humiliation des autres mais comme une victime de ses pulsions débordantes, de ses pulsions de cochon. Les pulsions glauques, sales et innocentes du cochon.

Les juges, les journalistes, la foule, tout le monde s'est trompé. On a dit, tout le monde a dit, que si l'on avait un cochon qui se terrait en soi, si l'on avait la malchance d'abriter le roi des cochons, il fallait faire gaffe, il fallait l'enfermer, le médicaliser, embaucher des gardiens. Qu'on ne pouvait pas faire comme si cette bête sauvage n'était pas là. Et tout le monde s'est moqué du cochon. On ne cessait d'en faire des blagues du matin au soir et du soir au matin.

Je tiens à dire à quel point cette mise au pilori est une injustice. Je tiens à préciser, à souligner, à répéter mille fois qu'il faudrait médicaliser l'homme, l'enfermer, le neutraliser, et sauver le cochon.

J'ignore s'il y a un moyen d'opérer cette extirpation, d'arracher cette créature de ton âme et de ton corps. Si cette opération est impossible il faudrait s'y prendre autrement. Il faudrait que le cochon, au lieu d'être ton inférieur, ton prisonnier, ton esclave, ton arme, devienne ton maître. Il faudrait qu'il y ait une révolution dans ta personne. Il faudrait que le cochon fasse un coup d'État, qu'il se serve de l'homme pour vivre en société, pour avoir l'air normal, pour ne pas courir des risques démesurés.

Ce jour-là tu abandonneras tes activités de conseil, tes prêches auprès des banquiers, tu cesseras de vendre tes recettes miracles comme un marchand de tapis. Tu t'enfermeras pour écrire. Tu transformeras ton sperme en de l'encre. Tu pourras enfin te débarrasser de toutes les entraves qui s'interposent entre ton désir et ton plaisir : le refus des autres, les limites corporelles, temporelles, spatiales. C'est seulement alors que tu prendras vraiment ton pied. C'est seulement alors, mon merveilleux cochon, mon amour, ma sublime créature animale, que tu sauras ce que jouir veut dire.

Les pages que tu écriras seront si belles que l'humanité, au lieu de cracher sur toi, te sera infiniment reconnaissante. Cette humanité égarée qui t'a banni se dira en te lisant : « Quelle chance que cette terre, en dépit de sa sécheresse, en dépit de sa misère, en dépit de sa petitesse, puisse encore accoucher de cochons. »

Dix

Le cochon m'avait écrit du Brésil quelques jours avant que ta hernie discale ne se déclenche à la fin du mois de juin. Il m'avait dit des choses terriblement belles. Quelques jours plus tard, tu es rentré à Paris dans un fauteuil roulant. Tu avais déménagé dans un nouvel appartement. Tes filles s'occupaient de veiller sur toi.

La morphine et l'opium que tu prenais pour soulager tes douleurs faisaient produire des phrases toujours plus belles au cochon. Il était à l'ouest. Il me disait je t'aime. C'était la première fois qu'il me le disait ainsi. Et même si je savais que c'était faux, archifaux parce que les cochons ne peuvent pas aimer, même s'ils le voulaient, l'important c'était de le dire. L'important c'était qu'il voulait que je le croie. Moi, cela me suffisait.

Cela m'enchantait. Il me disait qu'on se disputait parce qu'on a du caractère tous les deux. Parce que ni lui ni moi nous ne voulions nous soumettre l'un à l'autre. Il me disait et me disait son amour d'une manière presque humaine à n'importe quelle heure de la journée.

Je suis certaine que ce sont ces drogues que tu avalais qui faisaient penser au cochon que j'étais quelqu'un d'autre, une femme avec laquelle il entretenait des rapports différents. Des rapports normaux. Une vraie maîtresse. Que le cochon ne savait même pas à qui il s'adressait.

Cette confusion il l'a faite une fois avec l'adresse mail secrète que nous avions dans laquelle je m'appelais Voltaire. Il m'a envoyé un message qu'il avait écrit pour une autre. Je l'ai compris à la manière de me parler. Mais qu'importe ! Entre nous il n'y avait qu'illusion et paroles. Je ne pouvais pas lui en vouloir de se tromper de femme. Mais je n'ai pas pu m'empêcher de penser que quand le cochon ne pouvait pas tromper les femmes parce que son corps était défaillant, il lui fallait se tromper de femme quand il téléphonait ou qu'il écrivait des mails.

Puis, ce merveilleux animal est entré dans le coma.

Je t'ai rencontré dans ce triste état dans un appartement sur cour de l'avenue Victor-Hugo. C'était un lieu transitoire que tu avais loué pour quelques mois. Un lieu dans lequel vivait un autre que toi. Un lieu particulièrement horrible. Une photo y occupait tout un mur : une femme asiatique nue prise de dos, pleine de tatouages. Tout était sombre, laid et vulgaire.

Et j'ai vu l'homme, je t'ai vu. C'est alors que j'ai voulu mourir. Tu m'as dit que peut-être une opération de la colonne vertébrale te laisserait handicapé et que le cochon serait à jamais disparu. Plus de cochon. Sans le cochon tu étais méconnaissable. Tu étais comme je t'avais toujours aperçu avant ta chute, avant que l'on ne dévoile au public ton autre vie fantastique.

Tu m'avais présenté ta maladie d'une manière si terrible que j'étais sûre que le cochon n'allait jamais ressusciter. J'avais le cœur arraché et je ne savais pas quoi faire. Ce n'était pas toi que j'aimais mais le cochon. Et toi tu étais handicapé et mon âme de bonne sœur a été touchée, interpellée.

Je pensais que je ne pouvais cesser de te voir, te dire adieu dans un tel état. Que si je faisais ainsi je ne pourrais jamais me le pardonner. Mais je ne voulais pas te traiter comme un malade qui susciterait ma pitié. J'étais désespérée. Je me sentais veuve du cochon. Je me demandais ce que j'allais devenir sans lui. J'ignorais que tu me mentais, que tu exagérais. Que c'était pour toi un moyen de me torturer.

J'essayais de faire semblant de m'intéresser à toi mais je ne le pouvais pas vraiment. Je te demandais de tes nouvelles d'une manière un peu emphatique pour apaiser mon sentiment de culpabilité. Toi, tu te rendais peut-être compte de ce qui m'arrivait. Je ne sais pas. Tu as commencé à me traiter mal.

Je pensais que tu avais honte d'être ainsi dégradé devant moi. Que c'était pour toi une situation humiliante. Que tu étais invalide, que ta femme t'avait quitté, que tu avais tes procès qui ne s'étaient pas encore terminés, que tu n'avais pas d'argent. C'est pourquoi je me laissais maltraiter par toi. Je me suis laissé maltraiter trop longtemps.

Je te disais que le mieux c'était que j'attende le réveil du cochon, que je disparaisse. Que je me rendais compte que tu ne me supportais pas dans cet état. Mais quand j'essayais de m'éloigner de toi tu me disais qu'il ne le fallait pas. Que tu aimais que j'insiste pour te voir. Et quand j'insistais tu me traitais encore mal. Tu étais inquiet que je trouve quelqu'un d'autre, et moi cela me faisait de la peine. Tu ne cessais de me poser des questions. Et plus j'avais de la peine, plus tu me maltraitais.

Je t'ai suggéré qu'on pouvait en profiter pour faire un peu connaissance toi, l'homme, et moi. Que je ne savais pas très bien qui tu étais.

Qu'après tout tu étais le partenaire du cochon, mon amoureux. Que toi et moi nous avions quelque chose en commun. Que l'un et l'autre nous tenions à lui, nous l'attendions.

Tu me disais qu'on ne pouvait pas faire connaissance parce que tu étais très occupé avec tes médecins, tes avocats, tes enfants. Tu adorais m'humilier de cette manière-là. Tu adorais que je te demande de te voir pour ensuite me faire comprendre que je ne comptais nullement pour toi. Mais dès que je proposais qu'on cesse de s'appeler, qu'on attende quelques semaines jusqu'au réveil du cochon, tu me demandais de m'occuper de toi. Tu me disais : « Le cochon se réveillera d'ici deux ou trois jours. Tu verras. » Tu m'écrivais : « Ma douce, ma chérie, ma belle, le cochon ne rêve que de toi. Tu lui manques. Le cochon est fou de toi. »

Mais les jours et les semaines passaient et le cochon était toujours dans le coma. Il n'était qu'une douloureuse absence.

Tu me disais que ta crainte c'était que je m'ennuie avec toi, c'est pourquoi tu essayais de ne pas me voir pendant que la bête était malade. Tu avais raison. Quand je te voyais j'avais le sentiment que tu étais un inconnu, que je n'avais rien à partager avec toi. Mais, en réalité, c'est toi qui pensais que tu allais t'ennuyer avec moi. Tu me trouvais trop bizarre. Tu m'avais dit un jour que j'étais une Martienne. À tes yeux je n'étais éprise du cochon que parce que j'étais une Martienne, ce qui était un peu vrai.

Tu étais amer contre ta femme. Tu me disais qu'elle était une hypocrite, qu'elle ne pensait qu'à sa respectabilité. Qu'à cause d'elle tu n'avais pas mis d'argent de côté. Qu'elle avait fait semblant de t'aimer alors qu'elle ne cherchait qu'à se servir de toi pour assouvir ses ambitions à elle. Qu'elle était un joli parti, qu'elle devait avoir déjà un vieux monsieur à ses côtés, un vieux monsieur respectable. Tu me disais que cela faisait longtemps que tu ne l'aimais plus mais qu'à votre âge les gens ne divorcent pas. Qu'elle se trompait. Qu'elle t'avait trompé.

J'étais sûre que le cochon était mort pour toujours. J'en étais persuadée. Et toi, tu alimentais ma terreur, ma peine, mon désespoir. Je voulais mourir. J'avais peur de vouloir mourir. Et plus je voulais mourir plus tu me maltraitais. Tu me disais « arrête tes piaillements », « ne recommence pas », « assez boudé », dès que je me plaignais de ta brutalité. Mais puisque tu étais malade, puisque tu me disais que peut-être jamais tu ne pourrais avoir une vie normale, j'ai fait preuve d'une patience que d'habitude je n'ai pas.

J'étais coincée entre mes devoirs moraux et ma haine envers toi. La situation était désespérante. Il fallait oublier le cochon. C'est alors que d'abord j'ai songé à me jeter par la fenêtre. Comme je n'ai pas réussi j'ai pensé : « Je veux tuer ce mec. » J'étais si inquiète de ces désirs de meurtre que pendant qu'on prenait un verre à une terrasse de la Bastille j'ai avoué à K., le seul avec qui je pouvais parler de cette histoire : « Il faut que je le quitte parce que jamais auparavant je n'avais eu envie de tuer quelqu'un. C'est un sentiment nouveau. » Et K. qui est plein d'esprit m'a répondu : « Si tu le tues tu seras acquittée. » Les juges au nom de la société française non seulement m'excuseraient : ils me seraient reconnaissants.

Dans un premier temps, et alors que je marchais dans Paris désespérée, ces mots de K. m'ont fait rire. Ensuite, j'ai pensé qu'on ne pouvait pas tuer quelqu'un si l'on savait qu'on serait acquitté. Que ce serait très lâche de ma part. Que ce serait profiter d'une injustice pour assouvir mes désirs de vengeance personnels. C'était tellement immoral à mes yeux, tellement contraire à l'idée que je me faisais de ma sainteté.

La seule chose qu'il me restait pour oublier le cochon et pour ne plus avoir affaire à toi, c'était non pas de t'assassiner mais d'écrire un livre. Non pas un livre sur toi mais sur lui. Sur les relations sublimes que nous avons eues, sur cet érotisme si étrange, sur les séances de récitation infinies.

Dans les jours qui ont suivi je me suis mise à rédiger le livre. Mais dès que j'ai eu écrit trois ou quatre pages, tu m'as téléphoné. Tu insistais pour qu'on se rencontre, pour qu'on se parle, pour qu'on se voie. Je n'avais aucune envie de me confronter encore à toi. Mais j'ai fini par céder. J'allais le regretter pendant très longtemps.

Onze

On avait fixé un rendez-vous chez toi le premier samedi d'août à 17 heures. Tu étais en train de déménager vers ton nouvel appartement mais tu as voulu qu'on se voie avenue Victor-Hugo. J'ai sonné à ta porte mais tu n'étais pas encore arrivé. Il m'a fallu t'attendre plus d'une demi-heure. J'avais décidé de m'en aller quand tu es arrivé avec ta canne sans même t'excuser. Je t'ai dit : « Tu me traites mal. » Tu as souri et j'ai compris à quel point cela te faisait plaisir de me faire souffrir.

Soudain, de la manière la plus inattendue qui soit, le cochon s'est réveillé. J'étais folle de joie. Je n'arrivais pas à le croire. Je voulais lui dire quelques mots mais il n'avait aucune intention de parler de quoi que ce soit. Il était affamé de moi. Il n'en pouvait plus de cette longue séparation. Il m'a dit : « Appuie ta tête sur l'accoudoir du fauteuil. Dégage ton oreille gauche. »

Je croyais qu'il allait répéter l'opération de cet autre dimanche, cette opération consistant à extraire de mon cerveau les souvenirs de mes plaisirs. Je trouvais cela étrange. Je me suis dit : « Il se répète mais ce n'est pas grave. Il doit être encore un peu malade. »

C'est alors que l'invraisemblable est advenu. Dès que j'eus posé ma tête comme il me l'avait demandé il m'a arraché l'oreille d'un coup de dents et il l'a mangée. Il a enlevé mon oreille de ma tête comme si c'était la marguerite d'un jardin que l'on vole en passant. Et tandis que je saignais et que je pleurais il la dévorait le plus vite qu'il pouvait comme s'il craignait que je ne prenne l'oreille de sa bouche pour la partager avec lui, pour le priver d'une partie de son festin.

Il est tout de suite tombé dans une extase qui était différente de celles que je lui avais connues. Cette fois-ci son sperme jaillissait de ton pantalon d'une manière si impressionnante que même les murs commençaient à en être couverts. Il était par terre, la bouche pleine de sang, littéralement inondé par ce liquide blanchâtre que je n'avais jamais vu jaillir de lui auparavant. Comme s'il avait sorti de lui tout le sperme qu'il avait retenu pendant nos rencontres précédentes, pendant des mois et des mois. Et il criait avec une voix grave que j'avais déjà entendue : « Je veux l'autre, donne-moi l'autre oreille à bouffer, donne-moi tes paupières, donne-moi tes yeux, je te mangerai en entier espèce de truie, espèce de rien ! »

J'ai attrapé un torchon dans la cuisine que j'ai posé sur ma blessure afin d'arrêter l'hémorragie et je suis sortie en courant. Le sperme qu'il y avait par terre m'a fait glisser mais j'ai réussi à atteindre la porte et à m'enfuir. J'ai pris un taxi pour aller à l'hôpital.

J'en voulais à ce salopard de cochon. Je me disais : « C'est un monstre. Je vais le dénoncer à la police pour cannibalisme, pour actes de torture et je ne sais quoi d'autre. » Mais dès que j'ai vu le médecin des urgences, prise par un sentiment de honte, j'ai déclaré : « C'est ma chienne qui a fait ça. J'avais pris trop de somnifères et la pauvre bête pour me réveiller m'a mangé l'oreille. Mais elle ne voulait pas me faire du mal. J'en suis sûre. » Le médecin m'a dit qu'il fallait quand même l'euthanasier, qu'on ne pouvait pas laisser en vie un animal qui représente un tel danger. Je lui ai répondu que je m'en occuperais.

Pendant que j'étais à l'hôpital j'ai compris que ta surveillance du cochon, que les rencontres courtes et espacées que tu nous avais infligées étaient liées à ce désir retenu de ta bête. Qu'au fond tu avais cherché moins à me protéger qu'à te protéger toi-même.

On t'avait déjà accusé de viol, de harcèlement, de proxénétisme en bande organisée. Tu devais craindre d'une manière fort légitime d'ailleurs qu'on ne t'accuse de manger des femmes, qu'on ne t'affuble de cet horrible épithète de cannibale. Ces rencontres que j'avais tant aimées n'étaient pas une espèce de sublimation, une forme de sexualité alternative, une perversion fantastique, mais un *avant-goût*. Ce que voulait le cochon était me dévorer. Comme tu ne pouvais pas le laisser faire, comme c'était dangereux, il devait se contenter de ces étranges séances que nous avons eues pendant sept mois. Alors qu'en rentrant chez toi le cochon devait se masturber en imaginant qu'il me dévorait vraiment, qu'il me dévorait entièrement.

Tout ce que nous avions vécu jusqu'alors était un horrible mensonge auquel tu m'avais demandé de croire. Un mensonge auquel j'avais cru mais seulement à moitié. Mon inquiétude, ma souffrance, ma douleur n'étaient pas liées ni au rythme de nos rencontres comme je le croyais ni à la peur d'aimer, comme le cochon me le disait parfois. Elles étaient une réaction normale envers ces désirs que je pressentais en lui. Comme si je savais sans le savoir. Je savais sans vouloir me l'avouer consciemment. Et ce savoir non assumé expliquait aussi ces terribles symptômes que j'avais pendant tous ces mois, ces cauchemars, ce dégoût de la nourriture, ces infections.

Une fois chez moi j'ai écrit un texto au cochon pour lui annoncer qu'entre nous cette fois-ci c'était bel et bien fini. Mais c'est toi qui as répondu. Tu m'as demandé : « Mais pourquoi ? » Je t'ai écrit : « Le cochon m'a arraché et mangé l'oreille gauche, espèce de salopard. – Mais quelle oreille ? Tu es folle ? Le cochon t'a juste mordillée, comme toujours. C'est ta chienne qui doit t'avoir bouffé l'oreille, ta chienne ou un autre mec. Pas le cochon. »

Tu ne voulais pas laisser des preuves écrites de ce que le cochon avait fait. C'était compréhensible. C'est pourquoi je t'ai téléphoné mais tu n'as pas répondu. J'ai attendu que les jours suivants tu t'inquiètes de moi, tu m'envoies des fleurs, tu t'excuses. Je savais qu'un cochon ne ferait pas ça. Mais toi, toi tu aurais pu le faire en son nom. Tu n'as rien mais rien fait.

Je me suis dit que je te dénoncerais après tout. Que c'était un scandale. Mais je ne l'ai pas fait. J'avais déjà dit au médecin des urgences que c'était ma chienne. J'allais laisser les choses ainsi.

Je suis revenue à l'hôpital pour savoir ce que je pourrais faire pour remplacer mon oreille. On m'a parlé d'une prothèse en plastique. On a pris les mesures. « Ce ne sera pas comme avant, m'a dit le médecin. Laissez pousser vos cheveux ou mettez des bandeaux ou des turbans. Personne ne remarquera rien. »

Toute ma fureur, toute la peine que j'avais d'avoir été mutilée s'est fixée sur mes boucles d'oreilles. Sur toute la collection de boucles d'oreilles que j'avais. Je ne pourrais jamais accrocher une boucle d'oreilles sur un plastique. Ce serait ridicule. Ce serait grotesque. Et je me suis mise à pleurer.

Pour me consoler, le médecin m'a dit : « Vous avez eu de la chance que votre chienne ne vous ait pas arraché le nez ou les lèvres ou le visage en entier, comme il est déjà arrivé maintes fois. Les gens ne se rendent pas compte à quel point les chiens peuvent être dangereux. Vous avez eu de la chance. C'est juste une oreille. »

Là j'ai été sur le point de lui dire la vérité, que ma chienne était innocente, que c'était un sale cochon qui l'avait fait. Et que son propriétaire, loin de m'envoyer ne serait-ce qu'un mot, ne serait-ce qu'une fleur, a prétendu qu'il n'y était pour rien. J'ai même songé à cette femme au visage arraché qui avait attribué à son cocker sa tragédie. À cette femme qui avait été l'objet il y a quelques années de la première greffe de visage en France, opération qui avait donné lieu à maintes polémiques.

Je me souvenais que dans la presse on se demandait stupidement : « A-t-on le droit de mettre à quelqu'un le visage d'un autre ? » « A-t-on le droit de traumatiser une femme sans visage en lui greffant celui d'une morte ? » « Est-ce pire de vivre traumatisée ou d'être dépourvue de visage ? »

Tous ces débats absurdes me sont revenus pendant que je me demandais si ce n'était pas le cochon qui avait commis cette énormité contre la première greffée du visage. Peut-être cette femme était l'une des nombreuses conquêtes du cochon. C'était lui qui l'avait laissée sans visage et la pauvre avait fait la même chose que moi : accuser son chien.

Je me disais ce sale cochon, cet assassin, il faut l'envoyer dans un abattoir. Il faut faire vite. Il faut empêcher qu'il continue à dévorer d'autres femmes.

Ta dénégation, la terrible dénégation m'a fait douter des intentions du cochon. Ou plutôt de la signification qu'avait pour lui la mutilation qu'il avait commise sur moi. De la nature de ses désirs aussi. Est-ce que le fait de m'avoir mangé l'oreille était le début d'un projet de dévoration intégrale ? Est-ce que c'est tout ce qu'il voulait manger ? Est-ce qu'il s'était retenu de me manger en entier jusqu'alors ou voulait-il seulement manger mon oreille ? Est-ce que son acte de conquête vis-à-vis de moi était mon oreille, pour me quitter ensuite ? Est-ce qu'il avait mangé des milliers et des milliers d'oreilles ou était-ce la mienne qu'il voulait ? Pire encore. Ce jour-là est-ce le cochon que j'avais vu, est-ce le cochon qui m'avait mangé l'oreille ou bien toi, toi, comme dans les partouzes avec les putes ? Et dans ce cas, est-ce que cet acte avait pour toi une signification sexuelle ? Était-ce une punition que tu m'avais infligée pour t'avoir désobéi, comme on faisait avec les esclaves ou avec les hérétiques qui refusaient d'entendre la véritable voix de Dieu ?

Puis je me suis demandé si ce comportement était dans les mœurs du cochon ou s'il avait cherché à me faire plaisir. S'il avait deviné dès le premier jour mes désirs les plus obscurs. Qu'il agissait toujours ainsi avec les femmes. En devinant ce qu'elles veulent véritablement et que leurs préjugés, leurs craintes les empêchent d'expérimenter. Et que c'était cet art de savoir ce que personne ne savait d'elles qui faisait que cet animal avait tant de succès auprès de celles qui acceptaient de le connaître intimement. Si les choses étaient ainsi, le fait de m'avoir dévoré l'oreille était son cadeau à lui, son cadeau le plus précieux. Mais cette hypothèse m'avait semblé trop horrible pour la prendre au sérieux.

Rien n'est plus désespérant que de rester sans réponse face à un acte aussi singulier, aussi sanguinaire. L'acte isolé devient la seule lettre d'un alphabet inconnu, un signe ambigu qui peut être compatible avec les scénarios les plus différents. Et dans mon désespoir, dans ma solitude, dans ma douleur je ne cessais, comme Pénélope, de tisser des hypothèses sur cet événement. Je suis même arrivée à me demander si ce n'était pas moi qui avais arraché mon oreille, comme Van Gogh, pour montrer mon amour pour le cochon. Ou si c'était ma chienne qui l'avait fait et le reste je l'avais inventé, je l'avais rêvé. Mais non. Je savais que je n'étais pas folle. Pas complètement. Pas pour avoir inventé quelque chose d'aussi terrible. C'était le cochon qui m'avait mangé l'oreille. Je l'avais vu de mes propres yeux.

Douze

Pendant ces cogitations incessantes je me suis rendu compte que je n'aimais plus le cochon. Que ces émotions inénarrables que j'avais éprouvées pour lui étaient mortes. Que toute cette ferveur s'était transformée en cette marée d'hypothèses incongrues et interminables.

Le cochon m'inspirait désormais un profond dégoût. Lorsque je pensais à lui j'avais des nausées et je ne comprenais pas comment j'avais pu être éprise d'un être aussi répugnant. Mon cœur était devenu aussi dur, aussi intraitable qu'une pierre. Le seul fait d'évoquer ton nom m'horrifiait. Lorsque j'apprenais quelque chose de toi par la presse je me sentais persécutée.

Il n'y a rien de plus triste que la mort d'un amour. Rien. Cela m'a fait penser à un petit perroquet que j'avais eu quelques années auparavant. Il était mort entre mes mains. Jamais je n'avais été aussi malheureuse de toute ma vie. L'oiseau avait lutté et souffert pour survivre pendant trois jours, mais il avait fini par mourir. Je ne pouvais pas comprendre comment une créature qui avait des ailes et une posture et un bec si imposants, si évidents, pouvait se transformer en ce rien, en cette chose vaincue.

En y réfléchissant j'ai compris que mon amour pour le cochon était mort au moment même où il m'avait mutilée. Comme si mon oreille gauche était la dépositaire de mes sentiments et que sans elle je ne pouvais plus rien éprouver pour lui. Et peut-être pour personne d'autre, me disais-je inquiète et perturbée. Que le cochon m'avait peut-être arraché l'organe que la nature m'avait donné pour aimer et être aimée.

Pendant ce temps, tu ne cessais pas de m'écrire et de me téléphoner pour me revoir, pour discuter avec moi – parce que selon toi on ne pouvait pas se quitter comme ça, sans se donner la moindre explication, que c'était dégueulasse de ma part, que ce n'était pas normal. Mais ce n'était pas au cochon que j'avais affaire mais à toi. Tu parlais en son nom à lui comme si tu avais peur qu'il ne me dise la vérité à propos de mon oreille arrachée. Tu m'as suppliée et encore suppliée pour qu'on se rencontre, pour qu'on parle, mais je n'ai pas cédé.

Lorsque début septembre les magazines people ont dévoilé ta liaison avec une femme qui travaillait à la télévision j'ai été soulagée. Mais cela ne t'a pas empêché de m'écrire à nouveau pour me dire que tout cela était faux. Puis, pour m'avouer que tu voulais juste te venger de moi, que cette femme ne comptait pas du tout pour toi et je ne sais quoi encore.

Je t'ai dit que j'étais heureuse pour toi. Que peut-être cette femme aurait la chance que le cochon ne la mange pas. Toi, tu ne cessais de me répéter que ni toi ni le cochon ne m'avaient jamais mangé l'oreille. Que moi je pouvais manger la tienne, que tu en serais ravi si je le faisais pour autant que je revienne, pour autant que je ne te quitte pas.

Puis, tu as commencé à me faire des promesses. Le cochon était même prêt à être fidèle. Si je revenais tu m'épouserais et le cochon oublierait sa vie passée. Que toi et le cochon vous pourriez devenir végétariens si je le souhaitais. Comme si au temps où j'aimais le cochon j'avais voulu que cette bête soit fidèle, qu'elle m'épouse ou qu'elle s'abstienne de manger de la viande. J'avais été amoureuse d'un cochon, du roi de tous les cochons, et non pas d'un petit-bourgeois qui fait ses courses chez Naturalia.

111

Ensuite tu m'as écrit des textos et des mails pour me dire que j'étais la femme de ta vie et celle de la vie du cochon aussi. Que j'avais réussi à vous intégrer, à faire de toi et du cochon un seul et même être.

Comme je ne réagissais pas à tes sollicitations, à tes promesses, à tes déclarations grandiloquentes, tu m'as dit que si jamais j'écrivais quelque chose sur notre liaison tu deviendrais mon ennemi le plus déterminé. Je t'ai répondu que je n'allais pas écrire quoi que ce soit.

Tu ne me croyais pas et pourtant je n'avais plus du tout l'intention de le faire. Je n'allais plus écrire un plaidoyer pour le cochon, comme je le pensais quand je t'avais rencontré. Et moins encore un livre sur l'érotisme que j'avais eu avec lui, compte tenu de cette dernière scène sanguinaire qui avait tout bouleversé.

C'est alors que tu as commencé à t'adresser à moi d'une manière presque délirante. Tu m'as écrit un texto pour me dire : « Avoue que tu vas écrire un livre *sur nous*. Avoue-le-moi. » Comme si tu voulais que j'écrive ce livre, que je raconte. Comme si tu avais tant aimé la période pendant laquelle on ne parlait que de toi partout et tout le temps que tu voulais profiter de moi pour qu'on continue de le faire.

À force de lire tes textos, tes mises en garde, l'idée d'un livre a fini par s'imposer à moi, même si à vrai dire je ne savais pas encore ce que j'allais écrire. À l'époque je n'avais aucune idée précise sur ce qui s'était passé entre le cochon et moi.

Quand je t'ai annoncé que j'allais écrire le livre tu es devenu furieux. Tu m'as dit : « Le secret était notre pacte. Tu ne peux pas le trahir. » Je t'ai répondu que dès le premier jour je t'avais dit que j'allais écrire un livre sur le cochon. Que si tu portais plainte pour ce livre, tu perdrais. Le cochon est un sujet public. La planète entière en parle. La jurisprudence de la Cour européenne des droits de l'homme est de mon côté. On peut parler de la vie privée des sujets publics comme le cochon. Et toi, toi aussi tu es un sujet public, tout comme le cochon. Je t'ai dit que ce livre j'avais commencé à l'écrire avant même de faire ta connaissance, que c'était une suite du premier. Que c'est pour l'écrire que j'avais demandé de te rencontrer.

Puis je t'ai promis que je ne ferais rien pour que tu me laisses tranquille, pour que tu n'empêches pas ce livre de sortir, pour que tu ne me jettes pas tes avocats. Surtout pour que tu cesses de trouver des prétextes pour me parler, pour me relancer. Je voulais que tu disparaisses de ma vie. Et tu m'as cru. Tu as cru que je n'allais pas écrire ce livre. Croire ce que tu veux bien croire au détriment de la réalité a toujours été ton problème avec les femmes.

Mais rien n'était en mesure de m'apaiser. Même la perspective du livre. J'étais mutilée, mutilée à jamais. J'avais le sentiment d'avoir été trompée et abusée. Je me disais que j'étais une victime comme toutes celles que tu as faites sauf que moi j'avais ma marque sur le corps, j'avais ce trou à la place de mon oreille, alors que les autres n'étaient que « traumatisées ».

Je ne cessais de me dire que j'aurais préféré avoir tous les bleus, toutes les cicatrices qu'une âme peut contenir au lieu d'être mutilée comme je l'étais. Au lieu d'être condamnée à porter des bandeaux, des chapeaux, des oreilles orthopédiques jusqu'à la fin de mes jours pour qu'on ne remarque pas mon horrible difformité.

Quelques semaines après ces derniers échanges de textos, j'ai commencé à être assaillie par une série de cauchemars incroyablement précis.

Dans le premier, je demandais au cochon de me dévorer l'autre oreille. En me réveillant j'étais horriblement fâchée contre le cochon, comme si c'était lui qui m'avait imposé ce rêve.

Dans le deuxième je lui disais que si l'on était des adultes consentants il n'y avait aucun mal à ce qu'il me mange. Que c'était mon droit, que c'était mon corps et que je pouvais me faire dévorer si je le voulais. L'important était de rester en vie. Je disais au cochon qui avait la bouche pleine de sang, qui avait le pantalon plein de sperme, que la jurisprudence avait stipulé ça. Qu'entre des adultes consentants l'État ne doit pas s'interposer au nom de la dignité ou que sais-je d'autre. Que personne ne pouvait nous dire s'il était bien ou mal de se faire manger. Quand je me suis réveillée mon cœur battait si fort qu'il a fallu que je prenne un Lexomil entier pour me calmer.

Dans le troisième cauchemar j'étais dans ton appartement et je disais au cochon : « J'aimerais que tu me manges entièrement, intégralement. J'aimerais que tu enlèves cette sale truie de la terre. » Et le cochon commençait à me manger les doigts, et puis les cuisses, comme si j'étais un poulet qui venait de sortir du four. Au milieu de ce carnage je disais que même si le droit actuel n'était pas favorable à ce qu'une personne en mange une autre avec son consentement, c'était parce qu'on vivait dans des sociétés paternalistes et tyranniques qui cherchaient le bien des citoyens et des citoyennes malgré eux. Je me suis réveillée en sueur, j'ai vomi, j'ai pleuré.

C'est lors du quatrième cauchemar que tout a basculé. Je me voyais transformée en quelques cheveux et deux ou trois ongles que le cochon n'avait pas avalés et qu'il avait laissés sur le canapé de ton appartement. J'étais une conscience sans corps, une conscience qui flottait dans les ruines d'elle-même.

Je voyais le cochon, mon bourreau, qui parlait à son ventre tout en le caressant. Il lui disait : « Tu as vu que j'allais te manger, espèce de truie, espèce de rien », et il se mettait à rire aux éclats. Soudain j'ai été prise d'une joie féroce. J'ai senti une sorte de félicité monter en moi, une félicité aussi légère que la mousse d'une bière. Cela me faisait monter au ciel. Je me confondais avec les nuages, je flottais dans le vide. Je n'avais plus de corps, je n'étais qu'un souvenir, une sorte de soupir de Dieu.

Lorsque je me suis réveillée j'ai su qu'en m'arrachant l'oreille le cochon avait ouvert un abîme. Il m'avait mise devant l'horreur de mon propre désir. Il avait tué mon amour, certes. Mais cet amour n'était-il pas le masque socialement acceptable que j'avais trouvé pour racheter mes pulsions dégoûtantes, cette perversion consistant à désirer être transformée en un sashimi, en une brochette, en des rillettes et d'en jouir ?

Cet amour n'avait été qu'une façade, une horrible façade. Je m'en étais servi pour réaliser mes désirs d'être une victime absolue, de mourir enterrée dans l'appareil digestif de mon abuseur. Et ce mot « abuseur », hélas, je ne pouvais plus le prononcer avec nonchalance. Je ne savais plus qui avait abusé de qui. Tout ce qui m'était arrivé je l'avais voulu avec une telle détermination, même si elle était secrète, que je ne pouvais même pas affirmer que j'avais été « dominée », « assujettie » par le charme ou par la personnalité du cochon. Certes, il aurait pu me protéger contre moi-même. Mais peut-on demander à quelqu'un un tel héroïsme alors que la personne en question désire la même chose que nous ? Peut-on le demander à un cochon ? Il a fallu que s'écoulent plusieurs semaines pour que l'agitation qui avait fait naître en moi les découvertes que j'avais faites cède sa place à une espèce de calme. Je voyais désormais les choses autrement. Tout autrement. Et ce n'est pas à cause du psychiatre que j'avais décidé de consulter pour lui parler de mes fantasmes d'être dévorée, d'être assassinée ou plutôt euthanasiée dans un horrible carnage cannibale plein de sang et de sperme. Lui, il était juste étonné, sidéré, horrifié non pas par ces fantasmes qu'il faisait semblant de dédaigner en dépit de leur atrocité, mais par le fait que j'aie eu une relation avec Toi. Il ne pouvait pas comprendre, pas comprendre comment une femme comme moi, comment, mais comment, j'aie pu me laisser entraîner dans une histoire avec un monstre de ton envergure. Moins encore que je n'aie pas porté plainte contre toi pour l'oreille. « C'est une mutilation, m'a-t-il dit. Et peu importe que dans vos rêves vous en vouliez davantage. » Quand je lui ai expliqué la scission qu'il y a en toi entre l'homme et le cochon il a été surpris. Il m'a demandé : « Mais quel cochon ? Comment le cochon ? »

J'ai dit au psychiatre que ce que j'avais vécu avait été difficile mais que c'était grâce au cochon que j'avais réussi à me confronter à ce dont j'avais toujours cherché à échapper. C'était impossible, c'était invivable, c'était mortel, mais je l'ai vu. Que, si bizarre que cela puisse paraître, cette aventure aux allures si malheureuses m'avait enlevé toute la peur. La peur, en général. La peur comme forme d'être au monde, la peur existentielle. Parce que ce sont nos désirs, la source de toutes nos peurs, pas ceux des autres, lui ai-je dit. Le cochon a été un instrument de mon salut. Le salut par les égouts, le salut par l'abus. Comment ne pas lui être reconnaissante même si cela m'avait coûté une oreille ? Ce n'est rien comme prix, une oreille. C'est très bon marché d'échanger une oreille contre la compréhension de la véritable nature de mes désirs, des raisons pour lesquelles j'avais toujours voulu les fuir. Pour comprendre que j'avais eu raison, que si je voulais rester en vie il fallait que je continue mon existence monacale. Que c'était plus important d'écrire que de désirer et de mourir, de mourir de mon désir.

Le psychiatre ne comprenait rien. Mais je le payais pour qu'il ne comprenne pas. Il voulait me convaincre que ce que j'avais vécu était une tragédie mais il n'a jamais réussi.

Puis j'ai fermé cette parenthèse. Si je n'étais plus celle qui avait rencontré le cochon cet hiver-là, j'ai commencé à oublier la dernière scène. Je l'avais intégrée. Je savais.

Désormais, je me souvenais du cochon que j'avais connu, celui qui m'avait fait frémir, le cochon que j'avais aimé. Comme si je voulais rendre ainsi une sorte d'hommage à mon dernier amour, au seul aussi, à celui qui m'avait fait comprendre qu'il n'y en aurait plus après lui.

Mais je savais aussi que je ne pouvais pas risquer de le rencontrer à nouveau. D'ailleurs, je savais que je ne le pouvais pas. Que le cochon était sorti de la réalité, qu'il était un fantôme, un rêve, un être qui n'était nulle part ailleurs que dans mon imagination. Que dans la réalité il n'y avait que toi. Juste Toi.

Je mets depuis des turbans, des bandeaux et des chapeaux. C'est avec un turban violet que je suis allée voir ta femme vers la fin du mois d'octobre. J'ai trouvé un prétexte pour parler avec elle du cochon. Elle ne savait rien pour nous. Je ne voulais pas non plus le lui dire. Je voulais juste qu'elle me parle du cochon, qu'elle me fasse sentir que cette créature céleste, elle la connaissait bien, que ce n'était pas mon invention. Elle l'a fait. J'ai frémi.

Puis je me suis mise à écrire des lettres au cochon, un nombre incalculable de lettres que je n'ai jamais envoyées. Je disais : « Mon cochon, reviens. Mon amour, mon Tout, mon Trop. Tu es mon Est, mon Ouest, mon Nord et mon Sud, sauve-toi de la brute qui t'emprisonne, échappe-toi, fais la révolution, ne m'oublie pas. Mon cochon sans toi je ne suis plus, je ne vaux rien. »

J'étais persuadée que lui aussi pensait toujours à moi. Plus que ça, j'en étais sûre.

Mais je savais aussi que le cochon oublie vite. Le cochon n'est pas mélancolique. S'il l'avait été il ne serait pas un cochon. Si avec moi il s'est senti un grand artiste il pouvait se contenter de moins. Peut-être cela le fatiguait-il de monter chaque fois des spectacles pour m'éblouir. Peut-être les plaisirs que je lui procurais étaient-ils moins intéressants que ceux qu'il avait avec les autres. Je me le demande, je ne sais pas.

Des fois il me plaisait d'imaginer que ce n'était pas le cas, qu'il préférait me voir moi. Mais l'on ne peut pas aimer une créature pour ce qu'elle est tout en le lui reprochant. Le cochon ne cherche pas *le meilleur*. Il n'a pas cet élitisme, cette religiosité, ce monothéisme-là. Avec moi c'était spécial, avec moi c'était génial, avec moi il était devenu le Picasso des cochons. Mais cet animal n'est pas vantard comme les humains. Il

peut passer du bon temps sans que son narcis-
sisme ait besoin d'être flatté à un tel point. Cette
modestie est l'une des grandeurs du cochon.
Pour lui, tout est bon.

Paris, le 1ᵉʳ décembre 2012, à midi

Pour l'éditeur, le principe est d'utiliser des papiers composés de fibres naturelles, renouvelables, recyclables et fabriquées à partir de bois issus de forêts qui adoptent un système d'aménagement durable.

En outre, l'éditeur attend de ses fournisseurs de papier qu'ils s'inscrivent dans une démarche de certification environnementale reconnue.

Cet ouvrage a été composé
par Nord Compo à Villeneuve-d'Ascq
et achevé d'imprimer en mars 2013
sur Roto-Page
par l'Imprimerie Floch à Mayenne
pour le compte des Éditions Stock
31, rue de Fleurus, 75006 Paris

Imprimé en France

Dépôt légal : mars 2013
N° d'édition : 06 – N° d'impression : 84435
51-51-0489/8